umario

ANDES ESPACIOS / OUTDOOR

301 / 7,90 €

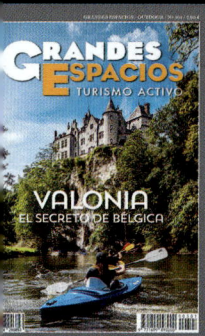

O DE PORTADA

kayak por el río Lesse, con el
illo de Walzin (cerrado al publico),
ás. © Xavier Ethuin/ Dinant

w.desnivel.com/grandesespacios

TA: Ediciones Desnivel S.L.
san Victorino nº 8 • 28025 Madrid.
913 602 242 • Fax: 913 602 264
ndesespacios@desnivel.com
w.desnivel.com

ctor: DARÍO RODRÍGUEZ.
actora: EVA MARTOS.
ctor de arte: GREGORIO ARRANZ.
licidad: MARÍA ÁNGELES TRUJILLO.
ribución: MARÍA JOSÉ SANTAMARÍA

rime: Nueva Imprenta. Papel ecológico
almente libre de cloro). Distribuye: SGEL.
ósito legal: M-39544-1995
N: 1699-093000.
N: 978 84 9829 685 3

scripciones
éfono: 91 360 26 20
rario de 9 a 16:00 h).
cripciones@desnivel.com
w.desnivel.com/suscripcion

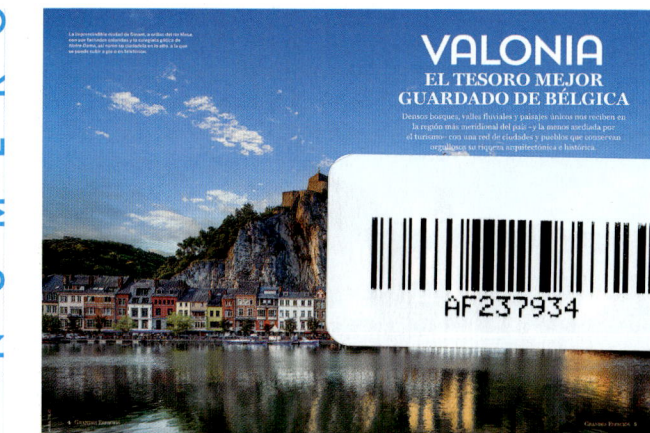

VALONIA. El tesoro mejor guardado de Bélgica

La región sur de Bélgica, con un alto porcentaje de su territorio cubierto por bosques, reservas naturales y ríos, es un destino privilegiado
para el turismo activo en estrecho contacto con la naturaleza. Su gastronomía y el rico patrimonio cultural y artístico de sus ciudades y pueblos completan un descubrimiento que no te dejará indiferente.

La imprescindible ciudad de Dinant, a orillas del río Mosa, con sus fachadas coloridas y la colegiata gótica de *Notre Dame*, así como su ciudadela en lo alto, a la que se puede subir a pie o en teleférico.

VALONIA
EL TESORO MEJOR GUARDADO DE BÉLGICA

Densos bosques, valles fluviales y paisajes únicos nos reciben en
la región más meridional del país –y la menos asediada por
el turismo– con una red de ciudades y pueblos que conservan
orgullosos su riqueza arquitectónica e histórica.

UBICADA al sur de Bélgica, Valonia es una de las tres regiones que componen el país, junto a Flandes al norte y la región de Bruselas-Capital, esta última inscrita territorialmente en Flandes. Cada una de estas regiones tiene su propio gobierno y parlamento, con competencias exclusivas en muchas áreas e identidades lingüísticas diferenciadas, si bien integradas en un estado federal y bajo una monarquía constitucional. Mientras que Valonia es mayoritariamente francófona, Flandes es neerlandófona y Bruselas-Capital es oficialmente bilingüe (francés y neerlandés), aunque el francés es más dominante.

Formada por cinco provincias (Brabante Valón, Henao, Lieja, Luxemburgo y Namur), con una población de alrededor de tres millones y medio de habitantes, Valonia es la región belga más amplia y menos densamente poblada, con una fuerte identidad propia que no ha sucum-

El 30% del territorio valón está cubierto por bosques, como el de Saint-Hubert (a la izquierda), con turberas y abedules *pubescentes*, propios de la región. Abajo, el teleférico sobre la ciudad de Namur, que pasa por encima del río Sambre y sube a la ciudadela.

DENIS CLOSON

bido al turismo masivo. Reserva para quien sepa apreciarlo algunos de los tesoros naturales y culturales más valiosos del país.

Su diversidad está presente de una forma sobresaliente en sus paisajes –con el macizo de las Ardenas belgas, frondosos bosques, ríos, numerosos parques naturales...–, pero también en su historia y su cultura. Al pasear por sus ciudades se puede respirar la huella de las muchas civilizaciones que la han habitado, desde los primeros

Panorama de la ciudadela de Namur desde el Pont de Jambes. A la derecha, el frondoso bosque de Saint-Hubert.

pobladores celtas en tiempos prerrománicos y posteriormente con los romanos. Fue en la Edad Media cuando Valonia vivió una época de especial esplendor, gracias a su ubicación que impulsó el comercio a través de sus ríos, principalmente el Mosa. La capital de la región, Namur, con su ciudadela amurallada –una de las más grandes de Europa– y su impresionante red de galerías subterráneas, fueron desarrolladas a partir de la Edad Media por las autoridades locales para proteger la ciudad y controlar las vías fluviales estratégicas.

Su privilegiada posición motivó los cambios de poder que ha sufrido a lo largo de los siglos: perteneció a los Países Bajos Españoles (en el s. XVI, con los monarcas Carlos V y su hijo Felipe II), también a los Austriacos, a Francia y a Reino Unido, hasta la independencia de Bélgica en 1830. Durante la Revolución Industrial fue una de las primeras regiones europeas en industrializarse, con sus grandes reservas de hierro y carbón como motor de riqueza, que han dejado un legado en forma de "terriles" y de sitios mineros hoy declarados Patrimonio de la Humanidad.

Orgullosos de sus orígenes y su trayectoria, los valones son gentes solidarias que se distinguen por su resiliencia, su sentido de comunidad y su alto aprecio por su cultura y costumbres locales, que muestran generosamente a los visitantes. Es fácil sentirse inspirado en estas tierras, lugar de nacimiento del surrealista René Magritte, donde Van Ghogh decidió ser pintor o donde el lutier valón Adolphe Sax dejó para la humanidad su gran creación: el saxofón. Degustar una cerveza trapense, un buen queso artesanal o un irresistible chocolate no puede faltar en la agenda viajera. La fábrica de crear recuerdos memorables no tiene descanso en esta región.

JOYAS NATURALES VALONAS
para disfrutar con los sentidos

La diversidad de paisajes que ofrece Valonia se une por un elemento común: la naturaleza, que se manifiesta con viveza en sus masas forestales, landas, valles, praderas, onduladas colinas… Esta característica le ha valido la denominación de 'pulmón verde' de Bélgica, siendo la región con la mayor densidad de naturaleza del país: más del 30% de su territorio está cubierto por bosques. Estos espacios naturales, muchos de ellos protegidos, ofrecen además un escenario perfecto para múltiples aventuras.

Bosque de Saint-Hubert,
el corazón verde de las Ardenas

Valonia acoge gran parte de la región de las Ardenas –de gran importancia estratégica y escenario de la crucial batalla de la que recibe el nombre, librada a finales de la Segunda Guerra Mundial. Gran parte de su paisaje está cubierta por bosques de alto valor ecológico y medioambiental, que constituyen además un importante hábitat para la fauna local. Bosques como el de Anlier, de Neufchâteau o de Saint-Hubert, despliegan densas masas de hayas, robles, abetos, pinos y otras especies autóctonas que varía según las altitud y condiciones del suelo.

Especialmente emblemático es el último mencionado, el bosque de Saint-Hubert, ubicado en la provincia belga de Luxemburgo, cerca de la ciudad homónima de Saint-Hubert. Es uno de los bosques más grandes del país (cubre más de 70 000 hectáreas) y es considerado el "corazón verde" de las Ardenas no solo por su tamaño, también por su rica biodiversidad y su importancia cultural e histórica. Dispone de una amplia red de rutas bien señalizadas que permiten a los visitantes disfrutar de su vasta extensión. No es difícil que, al caminar entre sus hayas y robles, con el suelo tapizado de helechos y musgos, avistemos algún corzo o algún ciervo,

JEAN PAUL REMI

LUX VISUAL

Un ciervo en el bosque de Saint-Hubert y, abajo, vista aérea del majestuoso castillo de Mirwart. A la derecha, en el Parque Natural de Hautes-Fagnes, con caminos elevados sobre pilones de madera para la protección de sus turberas.

o nos sobrevuele un halcón. Vinculado desde la época medieval a la caza, es considerada la capital europea de esta actividad. Precisamente recibe su nombre de Saint Hubert, gran cazador del siglo VII que se convirtió al cristianismo tras encontrarse frente a un ciervo rodeado en una aureola de luz y con un crucifijo de en su cornamenta. Hoy es el santo patrón de los cazadores y protector de la naturaleza. Cada 3 de noviembre, festividad de Saint Hubert, se celebra con los tocadores de trompas de caza (arte musical reconocido como patrimonio cultural inmaterial por la UNESCO) y con la muy esperada bendicion de los animales. La zona tiene también un Parque de Animales, un espacio natural protegido con circuitos a pie, miradores y zonas especialmente destinadas a la contemplación de la fauna, en las que se pueden ver de cerca animales como ciervas o jabalíes en crianza, o escuchar el bramido del ciervo (en los meses de septiembre y octubre). También nos podemos acercar hasta el aeródromo de Saint Hubert y avistar el bosque desde las nubes.

A solo 13 kilómetros de Saint Hubert, en pleno centro del bosque, se ubica Mirwart, catalogado como «uno de los pueblos más hermosos de Valonia». Su dominio provincial ofrece a los amantes de la naturaleza estanques, una col-

mena y dos ríos rodeados de sauces y alisos, además de la gran variedad de esencias del bosque. Otra de sus principales atracciones es su castillo, que data del siglo X, enclavado en una de las colinas tan características de este entorno y hoy reconvertido en un prestigioso hotel.

Parque Natural de Hautes Fagnes-Eifel, con sus turberas únicas

También en el macizo de las Ardenas, en la zona este, se encuentra el Parque Natural más antiguo del país, que goza de protección desde 1971. Está dividido en seis zonas naturales, cuatro de las cuales pertenecen a Valonia. Se extiende en el interior de un cuadrado formado por las ciudades de Eupen, Montjoie (en Alemania), Malmedy y Spa. Este parque juega un papel clave en la conservación de ecosistemas únicos de la región, con paisajes en los que predominan las landas –extensas áreas de vegetación baja, como brezales y praderas– en las que se desarrollan las turberas. Con una apariencia de esponjas gigantes, las turberas están formadas por acumulaciones de material vegetal en descomposición, que crean suelos ácidos y pantanosos. Las turberas de Hautes Fagnes están entre las más grandes de Europa occidental, llegando a medir hasta ocho metros de espesor. Son ecosistemas cruciales para la conservación de la biodiversidad y a la vez son muy frágiles, motivo por el cual el acceso al parque está reglamentado. Los senderos están balizados y muchos de ellos discurren sobre pilotes de madera que garantizan su protección, guiando al visitante a través de este paisaje tan singular que va transformándose según las estaciones del año, desde la colorida primavera en flor hasta el ambiente siberiano del invierno.

El parque de Hautes-Fagnes contiene también el punto de mayor altitud de Bélgica, la Señal de Botrange, a 694 metros sobre el nivel del mar. Desde aquí se puede contemplar cómo las landas y turberas se extienden por el horizonte e incluso, a lo lejos, en los días claros se divisa Alemania. En sus inmediaciones encontraremos la Casa

Parque Botrange, que recibe a los visitantes en busca de relajación o de información sobre la naturaleza circundante, con una exposición permanente y otras actividades. Esta "cima de Bélgica" es además el punto de partida de numerosos paseos en plena naturaleza. Entre ellos, los hay hacia puntos de agua y cascadas como la de Bayehon; o hacia el majestuoso castillo de Reinhardstein (que se puede visitar o pasear por sus alrededores, con bonitas vistas al castillo y su pequeña cascada), además de hacia los pintorescos pueblos del entorno. O incluso podemos regalarnos una escapada romántica al hotel de lujo del Dominio des Hautes Fagnes Hotel & Spa.

Los miradores del río Mosa

El gran río Mosa –que nace en el nordeste de Francia y desemboca 950 kilómetros después en el mar del Norte (Países Bajos)– atraviesa Valonia en dirección noreste, pasando varias ciudades importantes como Dinant, Namur y Lieja, y cortando el macizo de las Ardenas. Se abre paso por el relieve de la región serpenteando con meandros entre las colinas y los valles. A lo largo de este recorrido se despliegan diversos puntos

DOMINIK KETZ / WBT

BRUNO D'ALIMONTE

Vistas al Mosa y al castillo de Freyr desde el mirador de Ansremme. En grande, la ciudadela de Namur, tan impresionante por fuera como en su interior, con una red de galerías subterráneas que se pueden visitar.

altos o miradores desde los que disfrutar de sus impactantes vistas.

Entre los más destacados se encuentra el enclave conocido como *Les 7 Meuses* (con un hotel y un restaurante) situado a medio camino entre Dinant y Namur. Desde este punto, la vista se extiende hasta 50 kilómetros a la redonda, abarcando todo el valle del Mosa y ofreciendo un panorama inigualable. Es el lugar ideal para disfrutar de uno de esos atardeceres inolvidables que cada día nos regala la naturaleza.

Otro mirador imprescindible es el de Anseremme, al que se puede acceder fácilmente desde el cercano aparcamiento o bien, para los más deportistas, recorrer a pie el sendero que lleva al

mirador, con vistas espectaculares de los acantilados y del Castillo de Freÿr, un testigo del pasado histórico de la región. El edificio fue construido sobre las ruinas de una antigua fortaleza destruida en 1554. En sus inicios fue una casa solariega de estilo renacentista que posteriormente fue ampliada y remodelada en los siglos XVII y XVIII. Esta antigua residencia de verano de los duques de Beaufort-Spontin alberga un interior refinado y cosmopolita. Sus armoniosos salones fueron amueblados y decorados por las veinte generaciones que ocuparon el lugar. Los jardines clásicos de su exterior, con naranjos tricentenarios y laberintos verdes, han sido declarados patrimonio excepcional «Parques y jardines» de Valonia. Su belleza equilibrada, inspirada en el palacio de Versalles, contrasta con las laderas boscosas y los peñascos de los alrededores.

De regreso al curso del Mosa y sus altivos miradores, no podemos olvidar que se encuentra en lo alto de la ciudadela de Namur. Desde aquí, se pueden disfrutar de paseos por el parque de la ciudadela, que ofrece diferentes perspectivas y vistas fascinantes tanto de la ciudad como de la naturaleza circundante. Además, el restaurante bistronómico Panorama, situado en la cima de la ciudadela, ofrece una excelente comida acompañada de vistas panorámicas. Tanto de día como de noche, una vistia a este lugar resulta imprescindible.

La profunda huella minera

La intensa actividad minera que tuvo lugar en la región durante el siglo XIX y gran parte del siglo XX, respondiendo a la alta demanda de la Revolución Industrial, dejó una huella profunda que aún es visible hoy en día. Uno de estos legados son los terriles, que son montículos formados principalmente por rocas y tierra que fueron removidas durante la extracción de carbón y otros minerales. Se formaron a lo largo de décadas de actividad minera, cuando los residuos no útiles se depositaban en montones cerca de las minas. Con el cese de la actividad y el paso del tiempo, muchos de estos terriles se han cubierto de vegetación, e incluso han desarrollado microclimas y ecosistemas únicos. Son considerados parte del patrimonio de la región por su importancia natural, cultural e histórica, y algunos se han reconvertido en lugares de recreación, acondicionados para el turismo.

Una de las ciudades más profundamente marcadas por su pasado insdustrial es Charleroi, cuna del *Pays Noir*, con huellas como sus altas chimeneas, sus fábricas junto a las casas obreras en una desenfada anarquía o sus característicos terriles. Ofrece una serie de actividades y recorridos señalizados que, desde las alturas, permiten disfrutar de vistas únicas de la ciudad y sus instalaciones siderúrgicas.

Cerca de Charleroi se encuentra el antiguo sitio minero de Bois du Cazier, que fue una de las principales explotaciones hulleras de Bélgica, tristemente vinculada al incendio accidental que tuvo lugar en 1956, que causó la muerte de 262 mineros. Hoy el lugar está reconvertido en un museo que guarda la memoria de aquella tragedia, junto a otras propuestas que profundizan en el conocimiento de su pasado minero . También se puede recorrel su terril o escorial, con un biotopo particular, así como pasear por su dominio boscoso de 25 hectáreas, acondicionado en parque seminatural.

Otro terril que destaca por su singularidad es el Terril de l'Héribus, pues todavía presenta combustión interna en algunas partes, con puntos calien-

A la izquierda, uno de los emblemáticos terriles de Charleroi; abajo, parte del complejo minero de Bois du Cazier, y bajo estas líneas, visita al interior de la mina de Blegny. Derecha, animación de tiro con cañón en Waterloo.

OLIVIER LEGARDIEN

tes y emanación de gases, lo que se explica por la oxidación y quema lenta de los residuos carboníferos que quedaron atrapados en el terril. Cubierto después por la vegetación, desarrolló su propio ecosistema, con bosques de abedules, cañaverales, tritones y otras especies adaptadas a las condiciones específicas del terreno. Y, tras la *grimpette*, o pequeña trepada hasta su cima, se abren ante nuestra mirada las impresionantes vistas panorámicas de la ciudad de Mons y sus alrededores.

Prueba evidente del pasado minero de la región es Blegny-Mine, ubicada al Este de Lieja, una de las pocas minas de carbón de Europa cuyas galerías subterráneas son todavía accesibles al público a través de los pozos de origen. El visitante puede descender hasta 30 y 60 metros de profundidad para descubrir cómo era el trabajo cotidiano de los «caras negras», además de seguir el recorrido del carbón desde su extracción a su expedición. Su terril o escorial es un enorme montículo tomado por la naturaleza que ha desarrollado un biotopo único.

Tanto Bois du Cazier en Charleroi, como Blegny-Mine en Lleja han sido declarados Patrimonio Mundial de la UNESCO, un reconocimiento del que también gozan Bois-du-Luc en La Louvière y el antiguo sitio minero Grand-Hornu, cerca de Mons.

La esencia de sus campos y praderas

En contraste con el relieve de las Ardenas, al descender el paisaje se suaviza en amplios campos y praderas, con tierras fértiles y zonas de cultivo, con el encanto añadido de las granjas de estilo *brabançonne* – tradicional de la región de Brabante– que se encuentran por estas zonas.

Uno de estos parajes, hoy idílico, fue testigo de uno de los episodios más decisivos de la historia europea: el campo de batalla de Waterloo. Aquí, donde Napoleón Bonaparte enfrentó su derrota final en 1815 a manos de las fuerzas aliadas, la naturaleza preserva una atmósfera de solemnidad. Los campos que una vez fueron escenario de feroces combates, con más de 20 000 muertos en el que fue el episodio más sangriento de las Guerras Napoleónicas, hoy son vastas praderas tranquilas, salpicadas de monumentos y memoriales que recuerdan el pasado, invitando a la reflexión mientras se disfruta de la serenidad del entorno. El conjunto de Waterloo incluye un museo interactivo, la Colina del León con sus 226 peldaños que ofrece unas vistas de 360º del campo, el edificio del Panorama con su enorme lienzo que reconstruye varias escenas del combate y la Granja de Hougoumont, con un espectáculo multimedia. En temporada alta (de abril a octubre), unos soldados con uniformes ofrecen animaciones al pie de la colina, usando el tiro con fusil, el tiro con cañón, mostrando la escuela del soldado y organizando visitas guia-

© DOMAINE BATAILLE DE WATERLOO

das del campo de batalla. Y, cada mes de junio, se celebra el evento emblemático de la reconstrucción de la batalla de Waterloo.

No muy lejos de este histórico campo se encuentra Mélin, reconocido como uno de los pueblos más bellos de Valonia. Enclavado en un entorno rural idílico, es un ejemplo perfecto de la arquitectura tradicional de la región, con sus tradicionales casas de piedra blanca, llamada piedra de Gobertange (nombre del valle en el que se ubica), que se combina armoniosamente con el ladrillo y contrasta con el verdor de los campos y praderas que lo rodean. Pasear por sus calles empedradas es como retroceder en el tiempo, mientras el aroma a flores silvestres y el canto de los pájaros acompañan al visitante en su recorrido. El encanto de Mélin reside no solo en su belleza natural, sino también en la tranquilidad que ofrece, un verdadero oasis de paz para el viajero.

Otros sitios naturales excepcionales

La riqueza natural de Valonia se diversifica en muchos más ámbitos y espacios, muchos de ellos con un reconocimiento especial. En la región de Famenne-Ardenne encontramos el primer geoparque mundial UNESCO en Bélgica,

DOMAINE DES GROTTES DE HAN

Observando la fauna en libertad en el dominio de las *Grottes de Han*, y a la derecha, en el interior de estas cuevas de Han, con espectaculares formaciones de cortinas. Abajo, atardecer sobre un campo de amapolas, con el habitual paisaje de praderas y bosques de las regiones de Brabante Valón y Henao.

un territorio de gran valor geológico, natural y cultural. Reconocido en 2018, este geoparque se distingue por su geología cárstica, con cuevas, ríos subterráneos y formaciones de caliza de más de 300 millones de años, destacando las Cuevas de Han, que ofrecen un recorrido subterráneo lleno de estalactitas, estalagmitas y vastas cámaras naturales, junto al espectáculo de sonido e iluminación subterráneo más grandioso del mundo. Las cuevas se inscriben en el más amplio *Domaine des Grottes de Han*, que incluye

PIXEL KOMANDO

también un parque de vida silvestre (*Parc Animalier*) y diversas atracciones naturales y culturales. El parque alberga especies europeas como lobos, bisontes y osos, y ofrece un entorno natural para la educación ambiental y el disfrute de la naturaleza.

El geoparque también engloba algunos de los pueblos catalogados como «los más bonitos de Valonia», como los de Wéris y Ny; en el primero se encuentra el sitio megalítico mejor conservado de Valonia; y en el tranquilo Ny podemos visitar su iglesia neogótica y su imponente castillo-granja construido en el s. XVII.

En este campo también destaca el Anticlinal de la encantadora ciudad de Durbuy, la «ciudad más pequeña del mundo»: una formación geológica con una estructura plegada en forma de arco o bóveda, característica de los anticlinales, formada hace cientos de millones de años. Se trata del único sitio belga reconocido en el «Top 100» del patrimonio geológico mundial establecido por la Unión Internacional de Ciencias Geológicas.

Otro de los lugares únicos que gozan de protección en Valonia es *Le Fondry des Chiens*, una sima natural de 20 metros de profundidad, hábitat de una enorme y sorprendente biodiversidad, ubicada en el Parque Natural de Viroin-Hermeton, en la provincia de Namur.

Los muchos lugares mencionados hasta ahora son solo algunas muestras de la enorme variedad paisajística y medioambiental de Valonia. Su riqueza natural hace que esta región sea especialmente propicia para actividades al aire libre, como el senderismo, la bicicleta de montaña o los deportes que se pueden practicar en sus ríos y lagos, como detallaremos en las siguientes páginas.

VALONIA, TIERRA DE AGUA

La profunda conexión de la región valona
con el agua se manifiesta no solo a través de su
exuberante vegetación, ríos y lagos que invitan
tanto a la relajación como a la exploración activa en
kayak, packrafting, barca... Su sobrenombre
de "tierra de agua" se debe también a su termalismo,
pues es aquí donde se encuentra
la ciudad de Spa, de donde proviene el
nombre de esta actividad.

Disfrutando del kayak en el río Lesse, con la imponente presencia del castillo de Walzin (cerrado al público). Combinar los deportes de agua con la belleza de sus paisajes y monumentos es uno de los grandes atractivos de la región.

E N el amplio abanico de experiencias vinculadas a la región sur de Bélgica, ocupan un lugar destacado las actividades centradas en sus abundantes ríos, especialmente el Mosa, que atraviesa Valonia en dirección nordeste, pasando por sus principales ciudades. La frondosidad de sus orillas y sus muchos afluentes son un reflejo de su importancia en la modelación del paisaje. Otra de las grandes riquezas de estas tierras, propiciada por su geología específica, es la abundancia de manantiales termales, que son un reclamo esencial para quienes la visitan.

SPA, cuna del termalismo

La ciudad de Spa, en el centro de la provincia de Lieja, es un baluarte de la historia del termalismo y un destino renombrado por su dedicación al bienestar. Reconocida como Patrimonio Mundial por la UNESCO desde 2021, Spa lleva atrayendo a los visitantes desde hace siglos, legando su nombre a los centros de bienestar en todo el mundo.

Ya los romanos acudieron en busca de las reconocidas propiedades curativas de sus aguas ferruginosas. Especialmente en el siglo XVIII, sus manantiales se convirtieron en el destino prefe-

PIERRE PAUQUAY/WBT

MTSHFA

rido por la realeza, con frecuentes visitas de personajes históricos entre los que destacan el zar Pedro I de Rusia y la reina María Enriqueta, que aún hoy siguen presentes en sendas fuentes que llevan su nombre en la ciudad.

Las termas de Spa, situadas en una colina que domina el paisaje, son las más solicitadas para quienes buscan terapias termales. Con piscinas tanto interiores como exteriores, saunas, baños de vapor y una amplia oferta de tratamientos de spa, este complejo es un refugio de tranquilidad

y salud. Cuenta con tres manantiales de aguas diferentes, cada una con sus propios beneficios. La del *Clementine*, que emerge a una temperatura constante de 33ºC, es rica en bicerbonato y calcio, favoreciendo la digestión y la desintoxicación del hígado. La del manantial *Reine*, baja en sales minerales, se usa en rehidratación y en terapias diuréticas, para eliminar toxinas. Y la de *María Enriqueta*, la más antigua de este Spa (unos 400 años), es naturalmente burbujeante, bicarbonatada, rica en hierro y en manganeso.

Las piscinas interiores de las Termas de Spa, que invitan a la relajación y al disfrute, además de aportar beneficios para la salud. A la izquierda, la fuente termal de Géronstère, una de las más antiguas de Spa, con aguas ricas en hierro y carbo-gaseosas.

Además de sus termas, entre otros atractivos de Spa está su casino, el más antiguo del mundo en funcionamiento. Ofrece también una vibrante escena cultural y grandes eventos, como el famoso Gran Premio de Fórmula 1 de Bélgica, celebrado en el cercano circuito de Spa-Francorchamps, una de las pistas más hermosas del mundo.

Packrafting, más aventura

El packrafting es una actividad que combina el senderismo con la navegación en ríos, y su práctica está aumentando como forma de explorar los paisajes de Valonia, especialmente en el río Ourthe y los bosques de las Ardenas. Los packrafters llevan consigo pequeñas embarcaciones inflables durante una caminata por el monte hasta llegar al punto de destino en el río, en cuya orilla se hincha la embarcación con la que posteriormente se realiza un emocionante descenso, completando así una aventura exigente, pero sin duda muy gratificante.

JULIEN LIBERT / SENTIERS DU PHOENIX

JULIEN LIBERT / SENTIERS DU PHOENIX

ARNAUD SIQUET / WBT

Navegar en kayak por el Mosa permite disfrutar de espectaculares paisajes como el de los acantilados de Yvoir (arriba). A la izquierda, haciendo packraft en otoño y en invierno en el Ourthe; y a la derecha, kayak en familia en este mismo río.

Anidada en el corazón de las Ardenas, esta región no defrauda a quienes buscan un contacto íntimo con la naturaleza. Entre las excursiones destacadas se encuentra el valle secreto de Roannay, junto a la zona pantanosa de Spa, además de múltiples rutas para caminar o recorrer en bicicleta por los bosques circundantes. Tiene además una excelente ubicación para visitar el Parque Natural de Hautes Fagnes, donde encontramos recorridos muy variados. Otra opción es visitar la sorprendente emparrada de Le Haut-Maret, con sus túneles formados por enredaderas centenarias (que ofrece un paseo excepcional, uno de los más largos de

Europa), así como el cercano castillo medieval de Franchimont o el parque de animales y de aventuras Forestia.

Kayak por los ríos Lesse, Ourthe y Semois

Los ríos Lesse, Ourthe y Semois, todos ellos afluentes del Mosa, se encuentran entre los mejores de Europa para la práctica del kayak, ofreciendo una diversidad de recorridos y niveles, desde para principiantes hasta para los más experimentados.

El río Lesse, con sus 21 kilómetros de descenso por los bosques ardenenses, es una opción popular, especialmente recomendable para familias por sus corrientes suaves. Su espectacular paisaje incluye el castillo de Walzin, encaramado sobre un acantilado que domina el río, y las im-

presionantes formaciones rocosas que bordean su curso. Vierte sus aguas al Mosa cerca de la ciudad de Dinant.

Otra opción ideal para kayakistas es el Ourthe, río que serpentea a través de densos bosques, desplegando una rica biodiversidad, hábitat para numerosas especies de aves y mamí-

CHRISTOPHE VANDERCAM

feros. Entre los pueblos y ciudades que recorre se encuentra Durbuy, la ciudad más pequeña del mundo, ofreciendo unas vistas privilegiadas sobre su castillo. Y finalmente el Ourthe desemboca en el río Mosa, en la ciudad de Lieja.

El río Semois, con meandros suaves y los magníficos paisajes ardenenses que lo rodean, invitan a un descenso relajante, ideal para quienes buscan disfrutar del silencio de la naturaleza. A lo largo del Semois, van surgiendo viejos puentes llenos de encanto, numerosos antiguos secaderos de tabaco, testigos de una actividad que hizo la riqueza y la reputación del Semois, y pequeños pueblos típicos de las Ardenas.

En barco o crucero por el Mosa

La principal arteria fluvial de Valonia, el río Mosa, es en su mayor parte navegable, brindando una oportunidad única de descubrir la región desde una perspectiva distinta, revelando vistas que no son accesibles desde tierra. Recorrerlo en una embarcación no es solo una experiencia placentera, es sobre todo navegar por su historia, valorando su influencia en el desarrollo del país. A lo largo de los siglos, ciudades como Dinant, Namur, Huy y Lieja han prosperado en sus riberas, aprovechando su navegabilidad para el comercio y la industria. Este río y sus afluentes son esenciales para la biodiversidad de la región, constituyendo el hogar para una amplia variedad de especies vegetales y animales, muchas de las cuales se encuentran en áreas protegidas.

Empresas como Dinant Evasion y Cruceros Namur ofrecen distintos recorridos a bordo de un crucero, que incluyen guías especializados.

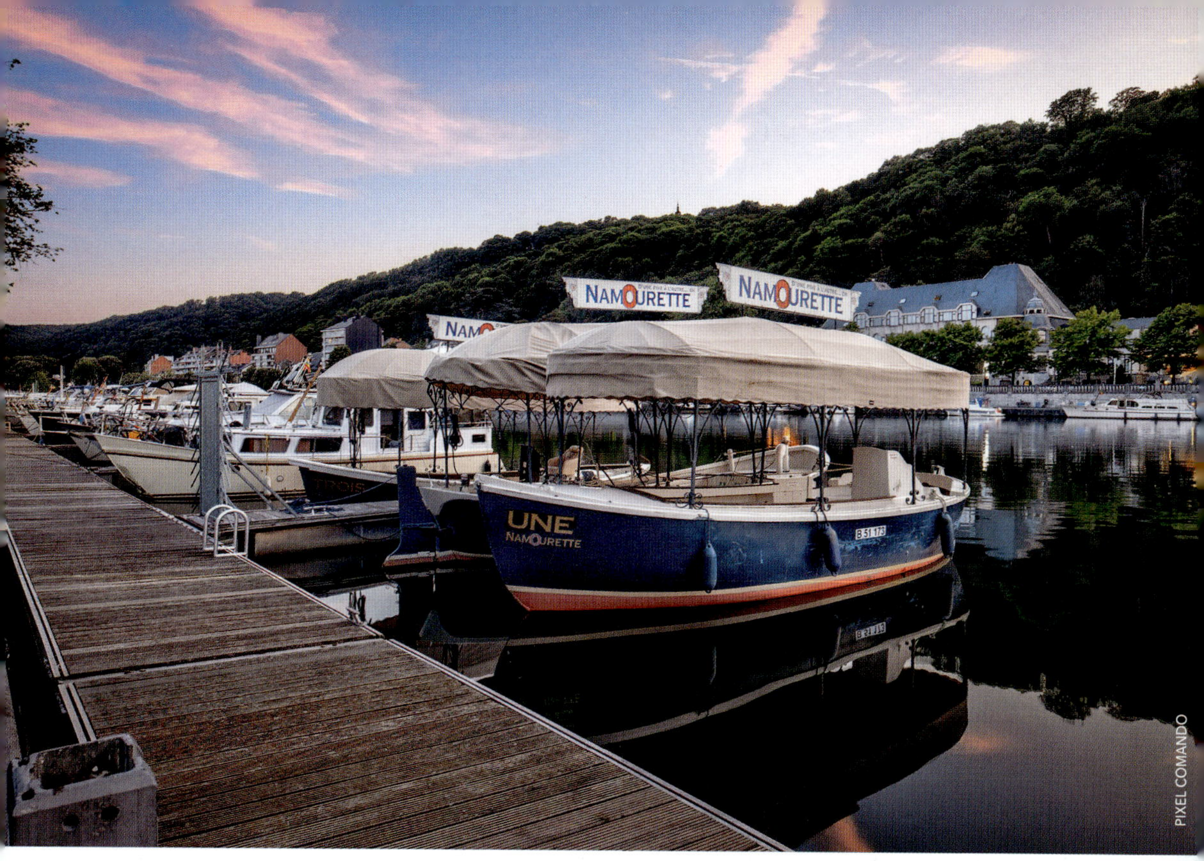

PIXEL COMANDO

Arriba, en una *Namourette*, pequeña embarcación de pasajeros en la ciudad de Namur. Izquierda, en uno de los recomendables cruceros que surcan el Mosa. Y abajo, haciendo windsurf en los lagos de Eau d'Heure.

Entre los puntos destacados por los que pasan está la ciudad de Dinant, con su icónica iglesia colegial de Notre-Dame y su fortaleza, donde el río Mosa desempeña un papel central en la vida local. También Namur, la capital de Valonia, es un destino privilegiado en los cruceros por el Mosa, que permite pasar bajo sus antiguos puentes y admirar de cerca la arquitectura de esta ciudad, dominada por su imponente Ciudadela. Los pequeños barcos de pasajeros de Namur, conocidos como *Namourette*, ofrecen la oportunidad de explorar la ciudad de una forma relajada; sus capitanes suelen narrar anécdotas sobre la historia de la ciudad, haciendo aún más enriquecedor el viaje.

También existe la posibilidad de alquilar a título personal barcas eléctricas, para las que no se necesita una titulación especial, si bien se incluye una formación para garantizar la seguridad.

CHRISTOPHE VANDERCAM

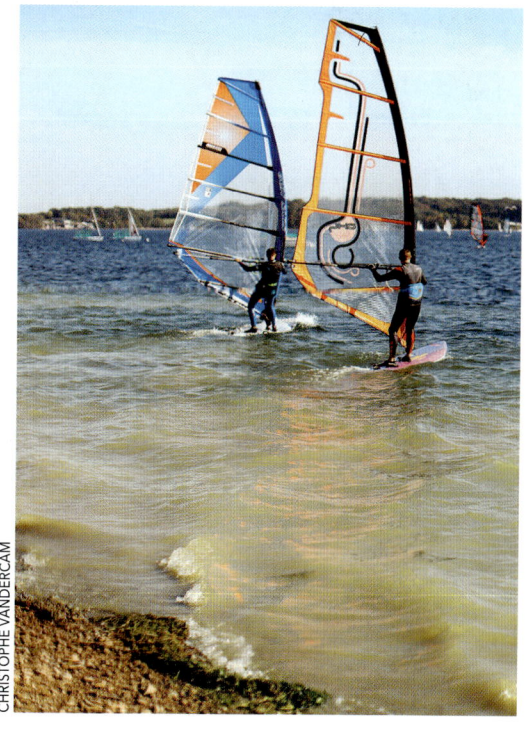

HENNING ANGERER

G. SGUALDINO

Ascensores y barcas en el Canal du Centre

Situada en la provincia de Henau, el *Canal du Centre* es una obra de ingeniería hidráulica, que conecta el río Mosa con el Escalda. Es conocido por sus ascensores hidráulicos, testigos de la Revolución Industrial en Bélgica, declarado Patrimonio de la Humanidad por la Unesco. Incluye el ascensor para barcos más grande de Europa. El canal se recorre con un crucero guiado que va franqueando una esclusa, un ascensor hidráulico y varios puentes móviles. Si lo prefieres, puedes alquilar una barca eléctrica para navegar por el canal por tu cuenta, o unas bicis para pedalear por sus alrededores.

Una opción perfecta para quienes prefieren explorar los ríos a su propio ritmo.

Diversión activa en los lagos de Eau d'Heure

A caballo entre las provincias de Henao y de Namur, los lagos de Eau d'Heure es un conjunto de cinco lagos artificiales que forman el mayor complejo lacustre de Bélgica. Creado en la década de 1970 como parte de un proyecto hidroeléctrico, ha evolucionado para convertirse en un centro recreativo de primer nivel, que abarca un espacio de unas 1800 hectáreas. Actualmente es el destino perfecto para los entusiastas de los deportes acuáticos y también para quienes valoren disfrutar de la naturaleza en un entorno seguro y controlado.

Entre las actividades más populares a practicar en los lagos se encuentran el windsurf, el paddle surf, el esquí acuático y la vela, pero la oferta se amplía a otros deportes como el buceo, el catamarán o el hidropedal. Además, en lo alto de lago de Féronval, se encuentra el parque Spin Leisure Park, el primer telesquí náutico del mundo alimentado con energía solar. Una instalación ecológica y silenciosa, con un cable de 680 metros, que permite la práctica del esquí náutico, del wakeboard, del wakeskate o del kneeboard.

El complejo cuenta igualmente con un parque acuático, además de playas acondicionadas para el baño y zonas de juegos. También puedes darte

CHRISTOPHE VANDERCAM

Panoráma aéreo de los lagos de l'Eau d'Heure, y abajo, su presa y el SkyWalk. Izquierda, en el ascensor funicular de Strépy-Thieu, en el *Canal du Centre*, y una familia recorriendo este canal en barca eléctrica.

una vuelta por los lagos en bici o incluso montarte en el "Cocodrilo rojo", un vehículo anfibio que puede circular por la carretera y navegar por el lago de la Plate Taille.

La presa de Eau d'Heure, la más grande de Bélgica, está abierta a los visitantes, con propuestas como una visita guiada incluye el SkyWalk, un punto de vista a 100 m de altura, que ofrece una panorámica impresionante de los lagos. También se puede dar un paseo de 450 m por las galerías de la presa, a 40 m bajo el suelo, o aprender sobre los orígenes del lugar en una maqueta gigante.

El complejo de los lagos de Eau d'Heure dispone de instalaciones para la pesca, siendo el hogar de especies como la carpa, el lucio y la perca. Los pescadores pueden disfrutar de esta actividad en varios puntos a lo largo de los lagos, que están equipados con todas las comodidades necesarias.

Además de en estos lagos, en Valonia se puede pescar en muchos otros lugares, especialmente en los ríos Ourthe y Semois, con una riqueza que atrae a aficionados de toda Europa. A la emoción de la captura se une además la inmersión en un entorno natural de gran belleza. Para su práctica es necesario disponer de un permiso de pesca en regla, si bien se puede obtener fácilmente online.

Por otro lado, a lo largo de los ríos y lagos se pueden encontrar numerosos restaurantes con delicias gastronómicas, en su mayoría elaboradas con productos frescos locales, que tienen un sabor especial en esta "tierra del agua".

Las crestas rocosas de Le Hérou ofrecen unos
miradores inigualables sobre el río Ourthe y los bosques
circundantes, en el macizo de las Ardenas.

POR SENDEROS Y CAMINOS
VALONIA A PIE

La región sur de Bélgica ofrece un sinfín de
posibilidades para descubrir caminando, desde
tranquilos paseos sin dificultad técnica a
excursiones más largas y exigentes para senderistas
experimentados, grandes recorridos de varios
días, paseos temáticos por castillos, por las riberas
fluviales, rutas gastronómicas...
No te será difícil encontrar tu camino.

No hay mejor forma que conocer un destino a pie, paso a paso adentrándonos en sus bosques, subiendo sus colinas, callejeando por sus pueblos, admirando las vistas desde los miradores... En especial Valonia, con su amplia densidad de bosques y reservas naturales, invita a descubrirlo caminando, abriendo ante el visitante una gran cantidad de posibilidades entre las que escoger. Su rico patrimonio arquitectónico y cultural ofrece además un valor añadido para el disfrute del caminante.

PASEOS TRANQUILOS Y DE BAJA DIFICULTAD

Para quienes buscan paseos accesibles, que no presenten dificultad técnica ni excesiva extensión, existen muchas opciones atractivas, especialmente recomendables para realizar con niños o con personas mayores.

● En Nismes, al Fondry des Chiens

DISTANCIA: 6,3 km. **DIFICULTAD:** fácil. **DURACIÓN:** 2,30 h. **DESNIVEL:** +110 m. **SEÑALIZACIÓN:** sí. **PUNTO DE PARTIDA:** casa municipal de Nismes. **MAPA:** https://desni.in/ay3ud

Con salida en la bella ciudad de Nismes, este paseo lleva hasta el sitio protegido del Fondry des

VINCENT FEROOZ / WBT

CHRISTOPHE VANDERCAM

Chiens. Se trata de una sima natural de unos 20 metros de profundidad, excavada por millones de años de erosión pluvial en la roca caliza. Además de este lugar único –que recuerda a unas gargantas del Verdon en miniatura–, en los alrededores hay una biodiversidad sorprendente. El suelo calcáreo del terreno hace que, en primavera, la yerba se cubra de un tapiz de flores único en el país. También por Nismes pasa el tren Les Trois Vallés, un auténtico tren de vapor en funcionamiento, en el que los pasajeros pueden descubrir los valles de Viroin y de Haute Meuse. Se encuentra dentro del parque natural de Viroin-Hermeton, con 48 000 hectáreas protegidas, y una fauna y flora sorprendentes. Desde aquí se puede visitar el Aquascope de Virelles, que no queda lejos, así como las cercanas Grutas de Neptuno, en Petigny.

Los cisnes y la escarcha del amanecer le añaden un tono onírico a la fortaleza de Montaigle (arriba), hacia cuyas murallas se dirigen unos senderistas en la imagen de abajo. A la izquierda, en el entorno de la sima de *Fondry des Chiens*.

● A la fortaleza de Montaigle

DISTANCIA: 9,6 km. **DIFICULTAD:** media.

DURACIÓN: 3 h. **DESNIVEL:** +235 m. **PUNTO DE PARTIDA:** Place des Français, Anhée. **SEÑALIZACIÓN:** rectángulo rojo. **MAPA:** https://desni.in/dxnhm

Este bonito paseo te llevará por el valle del arroyo Molignée, que desemboca en el río Mosa. Permite recorrer las ruinas de la fortaleza de Montaigle. Aunque cubiertos por la vegetación, los restos del castillo que datan del siglo XIV, transmiten el esplendor y grandeza de

BRUNO D'ALIMONTE / WBT

épocas pasadas. Es un lugar Patrimonio Excepcional de Valonia. Además, al pie de las ruinas, el museo arqueológico de Montaigle evoca en su historia, con una exposición de los objetos descubiertos en el lugar, como herramientas o flechas de ballesta.

A solo 15 km de este recorrido se encuentra la ciudad de Dinant, y cerca también tenemos otros lugares de interés, como los jardines de agua de Annevoie, que figuran entre los más hermosos de Europa, con desniveles naturales por los que fluye el agua. También podemos subir a una «dresina», vehículos que circulan por los raíles del tren impulsados a pedales, con tres circuitos distintos. Dos de ellos llegan a la abadía de Maredsous, una de las más bonitas del país, fundada en 1872 por los monjes benedictinos en un estilo neogótico, que incluye una hospedería en la que la tranquilidad está garantizada.

● Por las turberas de Hautes Fagnes

DISTANCIA: 8,7 km. **DIFICULTAD:** Fácil.

DURACIÓN: 2,30 h.
DESNIVEL: + 73 m.
PUNTO DE PARTIDA: Señal de Botrange. **SEÑALIZACIÓN:** sí.
MAPA: https://desni.in/nbv6m

De entre los variados recorridos que surcan este parque natural, el más antiguo belga, destacamos este paseo circular. Ofrece unas vistas impresionantes del paisaje de turbera y brezal, que despliega un encanto particular en cada estación. Transcurre en gran parte por las pasarelas de maderas construidas sobre pilotes, que ya se utilizaba en la Alta Edad Media en una ruta que atravesaba las turberas, la vía *Mansuerisca*. Es un lugar protegido y un espacio de interés ecológico y natural, especialmente notable por su biodiversidad, con un microcosmos de plantas adaptadas a las

MAXIME COLLIN

condiciones húmedas y ácidas de las turberas. Al final del paseo encontramos establecimientos en los que degustar los productos locales.

La reserva de Hautes Fagnes ofrece paseos tranquilos sobre las pasarelas de madera elevadas, con un paisaje cambiante en las distintas estaciones (arriba en invierno y a la izquierda en otoño). Abajo, estampa del puente temporal *Point de Claie*, en Laforêt.

• Laforêt y sus secaderos de tabaco

Con un recorrido de unos 7 km este paseo es una gran oportunidad para descubrir el encantador pueblo de Laforêt, etiquetado como «uno de los pueblos más bonitos de Valonia». Con casas de piedra y calles empedradas, tiene un patrimonio histórico que se desarrolló en el siglo XVII. Muy ligado al agua, cuenta con abrevaderos, fuentes y lavaderos en los que podemos imaginar a las mujeres lavando ropa antaño. La ruta recorre uno de los panoramas más bellos del valle del Semois. En sus alrededores se solía cultivar tabaco y aún hoy se pueden admirar los secaderos de tabaco, que dan testimonio de la antigua actividad que hizo la fortuna de Laforêt. En la estación estival se puede cruzar por el *Point de*

Claie, un puente rústico trenzado de madera que usaban los plantadores de tabaco para acceder a las tierras cultivables a lo largo del río, que solo se utilizaba durante el período de aguas bajas. Por eso, aún hoy se desmonta al final del verano y se reconstruye en la primavera siguiente.

Cuentan que bajo la colina que forma el meandro del río Semois reposa un gigante, y de ahí el nombre de este espléndido mirador: *Tombeau du Géant*. Abajo, el castillo de Bouillon, a orillas del mismo río.

RUTAS PARA AFICIONADOS EXPERIMENTADOS

Las cinco rutas de senderismo propuestas en este segundo apartado presentan bien más desnivel, más recorrido o mayor dificultad técnica que en el apartado anterior, aunque en ningún caso es demasiado elevada. En general tienen una distancia de entre 10 y 15 kilómetros, si bien hay alguna más corta pero más intensa. Son excursiones para senderistas que disfruten de una auténtica inmersión en la naturaleza salvaje de Valonia.

● **Bouillon y la Tumba del Gigante**

DISTANCIA: 14 km. **DIFICULTAD:** Difícil. **DURACIÓN:** 4,10h. **DESNIVEL:** +355 m. **PUNTO DE PARTIDA:** Rue de la Poulie, Bouillon. **SEÑALIZACIÓN:** Rectángulos rojos. **MAPA:** https://desni.in/hydw4

El camino comienza en le ciudad medieval de Bouillon, enclavada a orillas del río Semois. En lo alto de un peñasco se alza su castillo, que albergó a Godofredo de Bouillon antes de comenzar las cruzadas y hoy día es el vestigio feudal

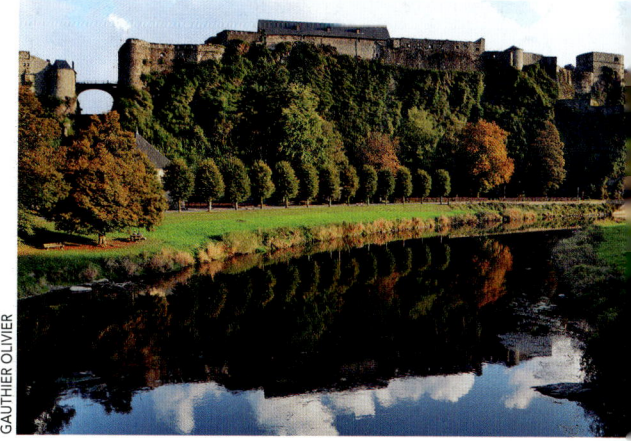

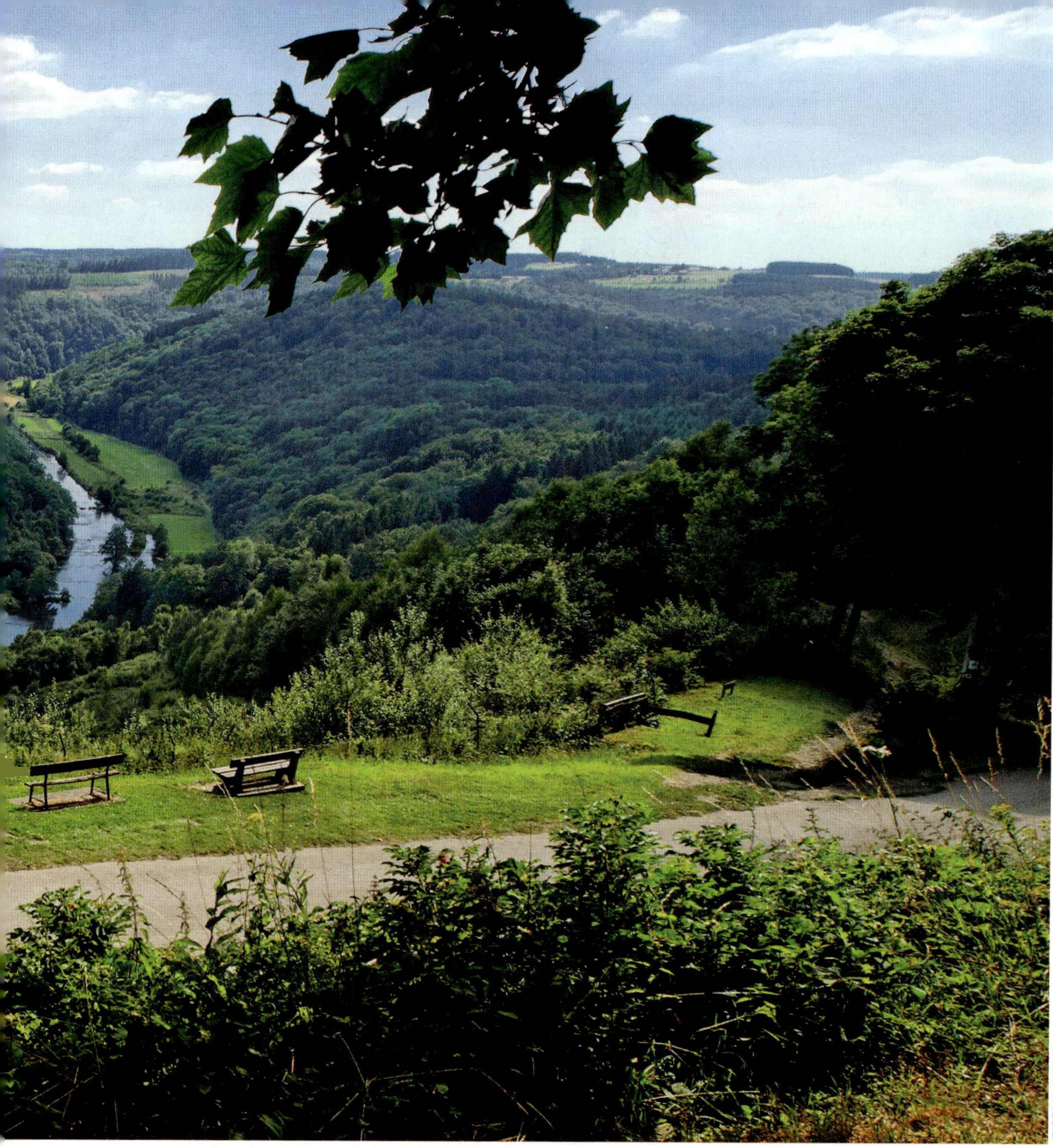

JP REMY /WBYT

más antiguo de Bélgica y una de las fortalezas más destacadas de Europa. Otro momento destacado de la ciudad fue en el siglo XVIII, «Siglo de las Luces de Bouillon», cuando alcanzó un rico apogeo cultural gracias a la imprenta.

La ruta se inicia en el puente de Cordemois, cerca de la zona de baño de la Poulie, con un recorrido que alterna tramos empinados con otros más llanos que siguen el curso del Semois. Este valle guarda una riqueza natural que ha inspirado a muchos artistas. El punto álgido es el paso por el mirador más hermoso de las Ar-

GAUTHIER OLIVIER

CHRISTOPHE VANDERCAM

denas: la *Tombeau du Géant* (Tumba del Gigante), catalogada como Patrimonio Excepcional de Valonia y Patrimonio Natural de Interés Paisajístico. Es sin duda uno de los lugares más conocidos y fotografiados en Bélgica, con las vistas al magnífico meandro del Semois. Según la leyenda, allí estaría enterrado un gigante que, negándose a ser prisionero de los romanos tras la batalla de la Sambre, prefirió lanzarse al vacío en la «roca de los Gattes» antes que ir a morir en las arenas del Coliseo. Es más recomendable realizar este recorrido por la tarde, para evitar el contraluz. Para la pausa del mediodía, el *Moulin de l'Epine* (Molino de la Espina) ofrece un lugar de picnic muy agradable a orillas del Semois. Y, al final de esta ruta circular, el peñón de Baimont –conocido como el Ramonette– ofrece un mirador con incomparables vistas al castillo de Boullon y la villa. Este entorno natural excepcional ofrece también una multitud de actividades deportivas: paseos a pie o en bici, pesca, kayak en el río Semois…

• Por las crestas rocosas de Le Hérou

DISTANCIA: 9,5 km. **DIFICULTAD:** Difícil.

DURACIÓN: 4 h. **DESNIVEL:** +347 m.

PUNTO DE PARTIDA: Place du Centre, Houffalize.

SEÑALIZACIÓN: sí.

MAPA: https://desni.in/jq34g

Esculpido por el meandro del río Ourthe, el paisaje de Hérou es uno de los más impresionantes de las Ardenas. Como una espina dorsal, la hilera de rocas desciende hacia el río, recorriendo una de las zonas más salvajes de Bélgica. En dirección a Houffalize y Nisramont, esta espectacular ruta baja hasta el valle del río Ourthe, bordeando la roca de la Virgen de Cresse-Sainte-Marguerite y la roca del Hérou, un sitio clasificado como patrimonio excepcional de la región valona, que ofrece unas vistas inigualables. Es importante realizar esta caminata en temporada seca, ya que las laderas pueden resultar resbaladizas. Entre otros atractivos, en Houffalize está la *Brasserie Achouffe,*

Caminando por los senderos circundantes del Paseo de las *Echelles*. A la izquierda, en el privilegiado mirador de las rocas de Le Hérou.

donde disfrutar de sus auténticas cervezas artesanales. Esta región es también ideal para practicar kayak, pesca o bici de montaña. También se encuentra cerca el lago y la presa de Nisramont, en La Roche-en-Ardenne, donde podemos disfrutar del kayak, el packraft o el paddle.

• El paseo de las escaleras (*Echelles*)

DISTANCIA: 6 km. **DIFICULTAD:** Fácil. **DURACIÓN:** 1,50 h . **DESNIVEL:** +211 m.
PUNTO DE PARTIDA: Rue des Moissons, Bouillon.
SEÑALIZACIÓN: sí.
MAPA: https://desni.in/8c7tu

Aunque apenas tiene 6 kilómetros de recorrido, esta propuesta se enmarca en las rutas para expertos debido a su dificultad técnica y a su exigencia física. Transcurre por una serie de escaleras (*echelles*) fijas, instaladas en la roca, y por caminos empinados que pondrán a prueba tu estado de forma. Una ruta divertida, solo apta para quienes no sufran de vértigo, que recompensa el esfuerzo con unas magníficas vistas al valle.

Arriba, las particulares escalares (*echelles*) de la ruta propuesta, no apta para personas con vértigo. Abajo, apacible estampa del lago de Nisramont. A la derecha,paseo otoñal junto al arroyo de Ninglinspo.

CORENTIN LAMQUET

JU FOCUS

• Por Nisramont: la soledad de un gran lago

Esta es una propuesta de unos 15 kilómetros que sigue la orilla del lago de Nisramont, con todo el encanto del paisaje ardenés. En su recorrido permite admirar al confluencia de los dos ríos Ourthe, el oriental y el occidental y, si tenemos suerte, puede que logremos avistar ejemplares de su fauna, como castores, cormoranes o martines pescadores. Se trata de una ruta solo para senderistas con experiencia, pues presenta tramos empinados y escaleras, llegando a sumar un desnivel positivo de unos 850 metros. En total hemos de prever al menos 6 horas para su realización.

Parte de la presa de Nisramont, un agradable espacio con mesas de picnic y en cuyo entorno se pueden practicar deportes como el kayak o el paddle, además de pesca.

También en la cercana ciudad de La Roche-en-Ardenne se pueden visitar las ruinas de su castillo feudal, del siglo IX, en el que se realizan frecuentes actividades como un espectáculo de halconería, ferias de artesanía medieval o eventos temáticos. También en esta localidad hay una reserva de animales en la que se puede ver de cerca la fauna de la zona, como lobos, ciervos, jabalíes o linces.

• El arroyo encantado de Ninglinspo

Este es un magnífico recorrido circular de unos 15 kilómetros (unas 5 horas), que transcurre junto a los ríos Ninglinspo y Chefna, que se encuentra señalizado. Sus aguas y sus frondosas riberas propician una conexión íntima con la naturaleza salvaje ardenesa. En el verano muchas personas acuden a bañarse a las pozas y toboganes naturales que ofrece el Ninglinspo, por lo que, si lo que buscas es una caminata tranquila, es preferible planificarla fuera de la temporada veraniega. En su recorrido pasa por el mirador del Drouet, con espectaculares vistas al valle del Amblève.

También podemos acercarnos a visitar las cercanas grutas de Remouchamps que, además de galerías y salas sorprendentes, incluye un río subterráneo navegable, único en el país.

RUTAS ALREDEDOR DE LOS CASTILLOS Y ABADÍAS

Entre las variadas propuestas para disfrutar del senderismo en Valonia encontramos paseos temáticos en torno a su rico patrimonio cultural e histórico, en el que sus muchos castillos ocupan un papel esencial. Seleccionamos a continuación algunos de los que no puedes perderte, con recorridos de variada distancia, todos aptos para realizar en una jornada, sin excesiva dificultad técnica ni exigencia física.

• Al castillo de Vêves, de cuento de hadas

DISTANCIA: 6,8 km. **DIFICULTAD:** Media. **DURACIÓN:** 2,30h. **DESNIVEL:** +186 m.

MAPA: https://desni.in/nef3x

Encaramado a un peñasco, con puntiagudas torres y bonitas ornamentaciones de madera, el castillo de Vêves se considera uno de los más hermosos de Bélgica, incluido en su patrimonio excepcional. Se trata de una edificación medieval, restaurada en 1969 y 1979, que durante el siglo VIII fue feudo de personajes históricos y residencia de condes, y hoy es un brillante ejemplo del arte militar. La ruta propuesta parte de Celles, incluido en el listado de los «Pueblos más hermosos de Valnia», atravesado por un río y en cuyo centro destaca la colegiata de de Saint-Hadelín –magnífico ejemplo del arte románico–, así como su fuente, sus casas de piedra y sus restaurantes de calidad.

Tras dejar atrás Celles, el camino sube hacia una ermita de Saint-Hadelín siguiendo los peldaños del vía crucis y continúa por la cresta ofreciendo magníficas visas al valle, antes de descender al pie del castillo feudal de Vêves. Es un paseo circular que, después de la imprescindible visita al castillo, toma un camino de piedra que nos devuelve al punto de partida.

• Alrededor del castillo de Reinhardstein

DISTANCIA: 5,5 km. **DIFICULTAD:** Difícil. **DURACIÓN:** 1,20h. **DESNIVEL:** +306 m.

MAPA: https://desni.in/r76mw

Este paseo circular, en la provincia de Lieja, no tiene un recorrido muy largo pero es muy intenso y variado, con muchos atractivos que van más allá del magnífico castillo medieval de

DENIS CLOSON / WBT

PIERRE PAUQUAY / WBT

Con sus puntiagudas torres, el castillo de Vêves parece sacado de un cuento de hadas (arriba vista aérea y en la página derecha, una familia en sus inmediaciones). Arriba a la derecha, el castillo medieval de Reinhardstein que, tras quedar en ruinas, fue reconstruido en 1965 gracias a la iniciativa del profesor Jean Overloop.

Reinhardstein, que ya por sí solo merece una visita. La ruta comienza en con un fabuloso paisaje junto al lago de Robertville, que además dispone de una zona acondicionada para el baño en sus limpias aguas. Continuamos después por un sendero en el que superamos alguna pendiente hasta que se nos desvela majestuoso el castillo. Su historia está ligada a Jean Overloop, un profesor bruselense apasionado por la historia, que se enamoró del castillo que, tras 150 años de abandono, se encontraba en ruinas. En 1965, con la ayuda de los artesanos locales y en unos 18 meses de trabajo, se reconstruyó el castillo con los materiales de origen, que recuperó su majestuosidad original. En su interior se pueden admirar el mobiliario, cuadros, tapicerías… Y también organizan actividades como conciertos, exposiciones, fiestas medievales…

Siguiendo con el recorrido, volvemos al sendero que desciende desde el castillo y continúa por terreno escarpado. No podemos perdernos el peñasco conocido como «Nariz de Napoleón», desde donde se obtiene una bonita panorámica del valle de la Warche, al que después descenderemos. Los densos bosques de pinos y hayas del valle –surcado por el río homónimo– van estrechando el camino, que nos lleva pronto donde comenzamos, junto a la presa del lago.

● Las ruinas de la abadía de Villers y su bosque

DISTANCIA: 9,5 km. **DIFICULTAD:** Media. **DURACIÓN:** 3,15h. **DESNIVEL:** +167 m.

MAPA: https://desni.in/jd3mp

Pasear por las impresionantes ruinas de la abadía de Villers-la-Ville es hacerlo por sus más de 850 años de historia. Hoy considerado uno de los sitios arquitectónicos más bonitos de Europa, fue fundada en 1146 por monjes de la

Las ruinas de la abadía de Villers-la-Ville (fotos arriba y abajo) conservan la grandeza y el misticismo de sus orígenes, que se remontan al siglo XII. A la izquierda, estampa nevada en el castillo de Reinhardstein.

orden de los Cistercienses, floreciendo como importante centro religioso y cultural en los siglos XII y XIII. A lo largo de los años sufrió saqueos y destrucciones, hasta que durante la Revolución Francesa fue abandonada definitivamente. Reconstruida solo parcialmente, sus ruinas siguen impresionando por sus grandes dimensiones y mezcla de estilos, con restos de edificios como claustros, salas capitulares o una iglesia de estilo gótico. El lugar evoca espiritualidad y misterio, en conexión con la naturaleza que forma parte de las mismas piedras. El conjunto incluye magníficos jardines (que forman parte del patrimonio excepcional de Parques y Jardines de Valonia) con plantas tanto medicinales como ornamentales y frutales; una delicia para los sentidos. Ofrece distintos tipos de visitas, incluidas visitas guiadas y audioguías, así como actividades educativas y eventos culturales.

La ruta propuesta parte de la abadía para después adentrarse en un recorrido circular por los bosques circundantes, de gran belleza, especialmente en otoño con sus coloridos tonos ocres y rojizos. Pasa también por los apacibles pueblos de La Roche y de Tangissart. Después de una bajada se llega a la orilla de un arroyo, en el que encontraremos huellas de la presencia de castores, y continúa por senderos, ofreciendo nuevas perspectivas de las ruinas monásticas, donde finaliza la ruta.

● Tranquilidad por el castillo de Modave

Este recorrido circular de aproximadamente 8 kilómetros alrededor del castillo de Modave transcurre por la región del Condroz, conocida por sus castillos de recreo románticos, en las cercanías de Huy, en la provincia de Lieja. Partiendo del castillo, sigue el sendero flanqueado por hayas y atraviesa un bosque que te llevará a las ruinas de Petit Modave, un antiguo pueblo

JP REMY / WBT

hoy desaparecido. El itinerario bordea después la reserva natural por un sotobosque de alisos hasta que, sobre una colina, aislada de todo, se encuentra una granja en plena actividad agrícola. Al descender, la pequeña y aislada aldea de Val Tibiémont, bañada por el río Hoyoux, ofrece una de las estampas más bellas del Condroz: nada aquí altera la tranquilidad absoluta. Esta misma sensación la tendrás en la visita al castillo de Modave, en el que podrás recorrer su magnífico torreón medieval y sus elegantes salas restauradas. También merecen la pena sus jardines y su parque de estilo francés, incluidos en el patrimonio excepcional Parques y Jardines de Valonia.

● Amplia vuelta al castillo de Beloeil

Esta larga ruta, de 19 km aunque un desnivel poco pronunciado, combina de forma agradable

JP REMY / WBT

En grande, el castillo de Beloeil y su foso que, junto a sus jardines, se conoce como el «Versalles belga». Arriba, el castillo de Modave, que pasó de ser una fortaleza medieval a residencia barroca de lujo.

los senderos junto a ríos, los pueblos con edificios arquitectónicos interesantes y el campo, además del imponente castillo de Beloeil. Es un recorrido circular que parte del castillo y sigue las riberas del canal de Blaton-Ath, una antigua vía fluvial que ofrece un paisaje bucólico. Uno de los pueblos por los que se pasa es Aubechies, con el sello de «uno de los pueblos mas hermosos de Valonia», que representa la arquitectura del Henao, con casas de teja y del ladrillo rojo, con un mampuesto de gres de vez en cuando. Y finalmente la ruta vuelve hasta el punto de partida: el castillo de Beloeil, una fortaleza medieval transformada en elegante palacio de estilo clásico. Cuenta con colecciones de arte, una preciada biblioteca y un armonioso entorno que combinan el agua y los jardines, incluidos en el patrimonio excepcional de Valonia.

RUTAS TEMÁTICAS

El territorio valón, tan rico en senderos, abarca también propuestas de paseos en torno a temas como el arte, la historia, la gastronomía... Otra forma de conocer la región desde una perspectiva diferente, sin dejar de lado su valioso patrimonio natural.

• El CAMINO HISTÓRICO DE LA LIBERTAD

DISTANCIA: 68 km.
DIFICULTAD: Difícil.
DESNIVEL: + 905 m.
MAPA: https://desni.in/rmcq6

El *Chemin de la Liberté* (Camino de la Libertad) es una ruta de senderismo que se extiende durante 68 kilómetros por la región de Bastogne. Se trata de un itinerario cultural del Consejo de Europa que forma parte de una red internacional de memoria que vincula las muchas regiones europeas que fueron invadidas y luego liberadas durante la Segunda Guerra Mundial. La ruta comienza en el museo *Bastogne War*, en la localidad de Bastogne; un punto de partida que simboliza la intención de esta propuesta, puesto que es un lugar de memoria dedicado a la guerra, que presenta la batalla de las Ardenas de forma interactiva. En sus inmediaciones se encuentra el Memorial de Mardasson, que conmemora la cooperación belga y americana durante esta batalla. Entre otros puntos conmemorativos por los que pasa esta ruta está el cementerio militar de Recogne, que alberga más de 6000 tumbas de soldados; así como el Monumento a la *Easy Company*, un regimiento de infantería paracaidista que jugó un papel clave en la guerra. Du-

rante su recorrido atraviesa muchos paisajes naturales, con los frondosos bosques y tranquilos campos rurales propios de la región. Además del disfrute de la riqueza natural de Valonia, invita a reflexionar sobre nuestro pasado reciente. Esta ruta se puede hacer completa en varias jornadas, o bien escoger solo alguno de sus tramos para recorrer de forma independiente.

• SENTIERS D'ART: arte en la naturaleza
DISTANCIA: 160 km.
DIFICULTAD: media.
DESNIVEL: 2178 km.
MAPA: https://desni.in/mtj9k

En la región de Condroz-Famenne, provincia de Namur, se despliegan estos *Sentiers d'Art* (Senderos de Arte), a lo largo de los cuales se van encontrando obras de arte integradas en la naturaleza (*Land Art*), creadas con materiales naturales, que van sorprendiendo al caminante a su paso. Cuenta con un total de 55 obras, incluyendo 7 refugios artísticos y 6 murales de arte callejero (*Street Art*), integrados en los municipios de Assesse, Ciney, Gesves, Hamois, Havelange, Ohey y Somme-Leuze. Este enorme "museo al

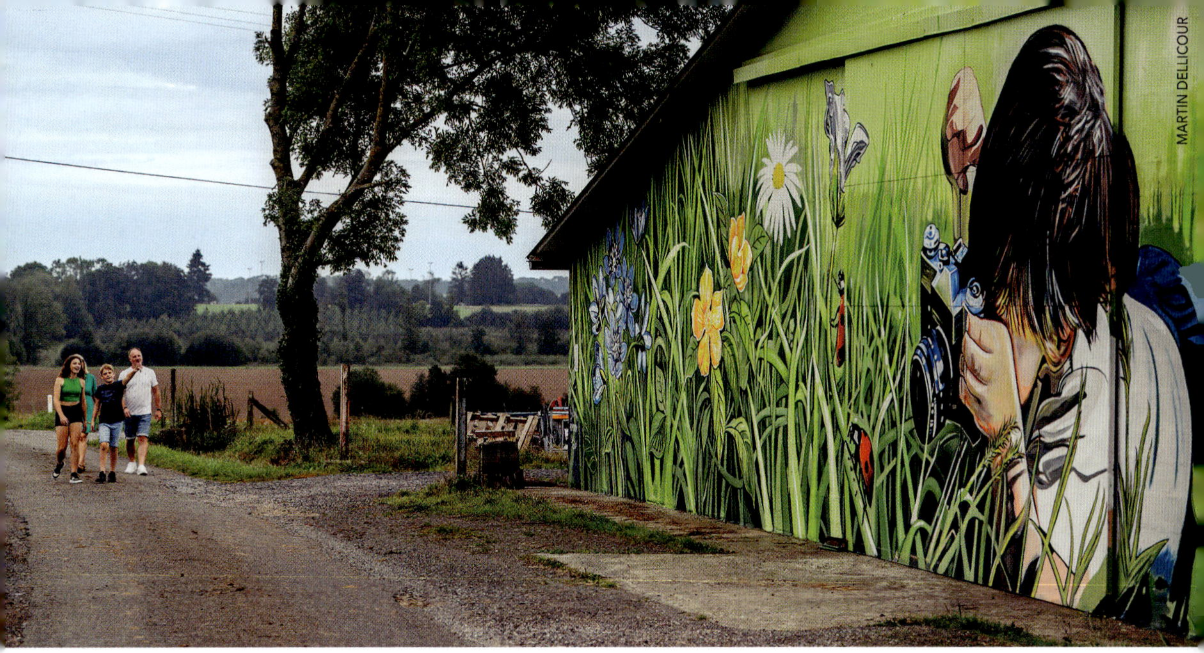

MARTIN DELLICOUR

aire libre" permite descubrir los bellos paisajes de Condroz y Famenne, también conocidos como los "Valles de los Sabores" debido a su rica tradición gastronómica. Los senderos del arte están señalizados (con un rectángulo rojo) y son gratuitos todo el año. La ruta se puede hacer completa en varias jornadas, o bien escoger solo alguno de sus tramos. Hay hasta 21 circuitos familiares que te permiten descubrir varias obras en recorridos de 4, 7, 12, 20, 45 y 51 km.

KAASCROUTE JUST GO /MAX DE HULSTER

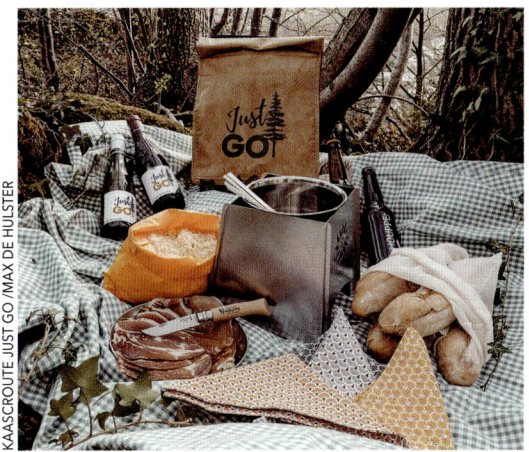

Sobre estas líneas, listos para disfrutar de una fondue en la naturaleza. Arriba, dos inspiradoras imágenes de los Senderos de Arte. A la izquierda, dos imágenes del interior del museo *Bastogne War*.

RUTAS GASTRONÓMICAS: una fondue a mitad de camino

Entre las rutas temáticas de la región no pueden faltar las que combinan la buena gastronomía valona con sus paisajes más emblemáticos, ofreciendo comidas en plena naturaleza. Existen distintas empresas que ofrecen este servicio, como *GrillHike*, en la región de Les Hautes-Fagnes, que invita a realizar caminatas por lugares icónicos como el Castillo de Reinhardstein o la Cascada de Bayehon, para luego disfrutar de una barbacoa al aire libre con productos locales, suministrados junto con todo el equipo necesario. Por su parte, *Kaascroute* propone una aventura gastronómica en la región de Namur, donde los participantes pueden preparar una fondue en mitad del camino, inmersos en el entorno natural. Esta experiencia incluye varios recorridos adaptados a diferentes niveles de dificultad. *La Fromenade* ofrece una alternativa similar en las Ardenas, combinando las rutas con una deliciosa fondue de quesos locales. Estas propuestas permiten disfrutar del rico patrimonio natural y culinario de Valonia de una manera original y divertida, perfecta para desconectar.

SENDEROS VALONES DE
GRAN RECORRIDO

Más de 5000 kilómetros de senderos inscritos en la red europea de senderos de Gran Recorrido (GR) surcan el sur de Bélgica, algunos en torno a temas como abadías o pueblos, cruzando las Ardenas... Estos son algunos de los más recomendables.

Unos senderistas recorren la ruta de las abadías trapistas, señalizado con la característica marca blanca y roja de los GR (Gran Recorrido).

ENTRE los senderos de gran recorrido que atraviesan Valonia hay propuestas circulares o lineales, bien en torno a una temática concreta o inscritos en una región, y sobre todo los hay en una amplia gama de dificultad, tanto para principiantes como para senderistas expertos. Se realizan en varias etapas que se pueden abordar por separado, y también encontramos conexiones entre distintos GR, de forma que cada senderista puede adaptar el recorrido a sus preferencias y capacidades. En todos encontramos múltiples opciones de alojamiento, que permiten planificar las excursiones a nuestro gusto.

A continuación exponemos dos itinerarios largos, que no están incluidos en la red GR, pero tienen la misma relevancia por sus característi-cas y singularidad, y otros seis GR que, como todos los Grandes Recorridos de la red europea, están señalizados con las características marcas roja y blanca, que encontramos en postes, árboles, paredes o hitos a lo largo del recorrido.

• LA TRANSARDENNAISE, la primera gran travesía por las Ardenas

DISTANCIA: 152 km. **DIFICULTAD:** Difícil. **DESNIVEL:** +3260 m. **ETAPAS RECOMENDADAS:** 7. **INICIO:** La Roche-en-Ardenne. **FINAL:** Bouillon. **SEÑALIZACIÓN:** Amarillo y blanco. **MAPA:** https://desni.in/htpng

Este recorrido se considera uno de los itinerarios más hermosos de Bélgica, especialmente valora-

FRANÇOIS STRUZIK

do por ser el primero que atraviesa la región de las Ardenas. Transcurre a lo largo de casi 160 kilómetros que están diseñados para recorrerse en aproximadamente una semana, con etapas diarias de entre 20 y 25 kilómetros. Une dos ciudades icónicas: comienza en La-Roche-en-Ardenne, a orillas del río Ourthe y famosa por su castillo medieval, y termina en Bouillon, otra localidad histórica reconocida por su castillo. En su recorrido el senderista va experimentando una profunda conexión con el paisaje ardenés, que varía sorpendentemente entre densos bosques y campos abiertos. Si se camina con atención y silencio, es posible observar los ciervos, jabalíes o aves rapaces que los pueblan. En general es un recorrido accesible para la mayoría de las personas aficionadas al senderismo, si bien hay algún tramo con desniveles más pronunciados que exigirán buena forma física. Además de sus paisajes naturales impresionantes, también permite descubrir la rica historia de la región, atravesando pueblos y

En los bosques valones predominan los árboles de hoja caduca, que despliegan todo su colorido en el otoño. Abajo, un miembro de la asociación *asbl Sentiers de Grande Randonnée* marcando un recorrido GR.

Asociación *Les Sentiers de Grande Randonée*

La asociación sin ánimo de lucro *(asbl) Los Senderos de Gran Recorrido* se fundó en 1959 con el objetivo de promover el senderismo en Bélgica a través del desarrollo y mantenimiento de rutas de largo recorrido (GR). La asociación baliza y elabora guías detalladas de los senderos, que abarcan tanto rutas de un día como travesías de varios días, promoviendo un turismo sostenible.

Publica guías y mapas en papel que tiene a la venta en su web, entre los que se encuentran los mapas de los GR descritos en este artículo. También ofrece un mapa digital gratuito con decenas de rutas. **https://grsentiers.be**

OLIVIER LEGARDIEN

A la derecha, las luces del atardecer le otorgan un aire onírico al paisaje de Les Hautes Fagnes; y una senderista en esta mismo reserva, disfrutando del día. Abajo, un ciervo en el bosque de Saint-Hubert; y la villa de Bouillon, rodeada por un meandro del Semois.

monumentos que forman parte del patrimonio cultural. Dispone de una amplia red de alojamientos, así como de establecimientos en los que degustar los productos locales de las Ardenas. Además de caminando, también se puede hacer en bicicleta de montaña y, con alguna variantes, también motorizados (en coche o moto), aunque sin duda lo más recomendable es ir saboreando el camino paso a paso.

LES GLOBE BLOGUEURS

OLIVIER POLET / WBT

• LA VENNTRILOGIE, la trilogía de Les Hautes Fagnes

DISTANCIA: 109 km.
DIFICULTAD: Media.
DESNIVEL: + 2300 m. **ETAPAS:** 6.
PUNTO DE PARTIDA: La Calamine. **FINAL:** Butgenbach.
MAPA: https://desni.in/b83fg

Este itinerario de larga distancia recorre en seis etapas los paisajes más hermosos de Les Hautes Fagnes. Se encuentra entre los 22 mejores senderos de Europa y está certificado como *Leading Quality Trail Best of Europe*. Está se-

DENIS CLOSON

DOMINIK KETZ

ñalizado en ambos sentidos, con carteles informativos además de marcas gris y azul en los principales cruces. La "trilogía" de su nombre se debe a que atraviesa los tres paisajes singulares caracerísticos de esta región. Por un lado los amplios prados y cultivos con sus vallados; por otro lado las llanuras salvajes, con los caminos de madera elevados por encima de las turberas; y por último los senderos más estrechos con vistas del valle del río Warche. Esta última sección está dominada por colinas suaves y salpicada por lagos y embalses, como el de Bütgenbach, que marca el final de la aventura

y ofrece un sinfín de actividades recreativas y deportivas. No es un GR (no fue creado por la *asbl Sentiers de Grande Randonnée*), si bien sus distintas etapas están diseñadas para equilibrar la exigencia física con la contemplación de los paisajes, permitiendo disfrutar tanto del esfuerzo de la caminata como de la belleza natural del entorno. Además, en el transcurso se pueden encontrar pueblos y zonas de descanso en las que reponer fuerzas, degustar la rica gastronomía local de esta región y completar la experiencia recorriendo sus calles o visitando sus edificios emblemáticos.

● EL GRAN TOUR
de los pueblos más bonitos de Valonia

DISTANCIA: 1500 km.

INFORMACIÓN: https://beauxvillages.be

Este enorme recorrido de 1500 kilómetros, basado en la red de senderos GR, conecta los 33 pueblos que cuentan con la etiqueta de «Los pueblos más bellos» de la región. La iniciativa de esta catalogación parte de una asociación creada en 1994 con el objetivo de poner en valor la identidad de las regiones rurales valonas. Para ser incluidos en esta prestigiosa lista, los pueblos deben cumplir ciertos requisitos como la calidad

Agradable paseo en torno al lago Bütgenbach (formado por la presa de la Warche), al final de la ruta de la Venntrilogie. A la derecha, viviendas en Crupet (arriba) y en Saint-Remy-Geest, dos de los pueblos con la etiqueta de «más bonitos de Valonia».

culpida en la roca; o Saint-Remy-Geest con sus casas blancas; o Torgny, con sus tejados rojos y clima cálido que propicia el cultivo de viñedos...

La creación de un gran itinerario que conecte estos 33 pueblos es muy reciente. Además de la marca roja y blanca de los GR, el recorrido está señalizado con las siglas GTPBVW (*Grande Traversée des Plus Beaux Villages de Wallonie*), que ayudan a guiar a los caminantes. Sus distintos tramos se pueden realizar en múltiples etapas, en función de la disponibilidad y objetivos del caminante. Existe un mapa en papel, dividido en tres tomos, que detalla todo el recorrido de este Gran Tour, pueblo a pueblo.

RITA VAN DE WALLE

y conservación de su arquitectura tradicional, la autenticidad del entorno o la belleza paisajística, entre otros. Son motivo de orgullo para los valones, amantes de su patrimonio.

Todos ellos son pueblos con carácter, con un atractivo especial, algunos más turísticos y otros menos conocidos. Entre ellos se encuentra por ejemplo Redu, el llamado "pueblo del libro" por sus 24 librerías y eventos relacionados con los libros; o Celles, uno de los pueblos más antiguos y mejor conservados de Valonia, con una colegiata y un castillo medieval; o Sohier, con sus jardines floridos en primavera; o Crupet, con su gruta es-

RITA VAN DE WALLE/ PBVW

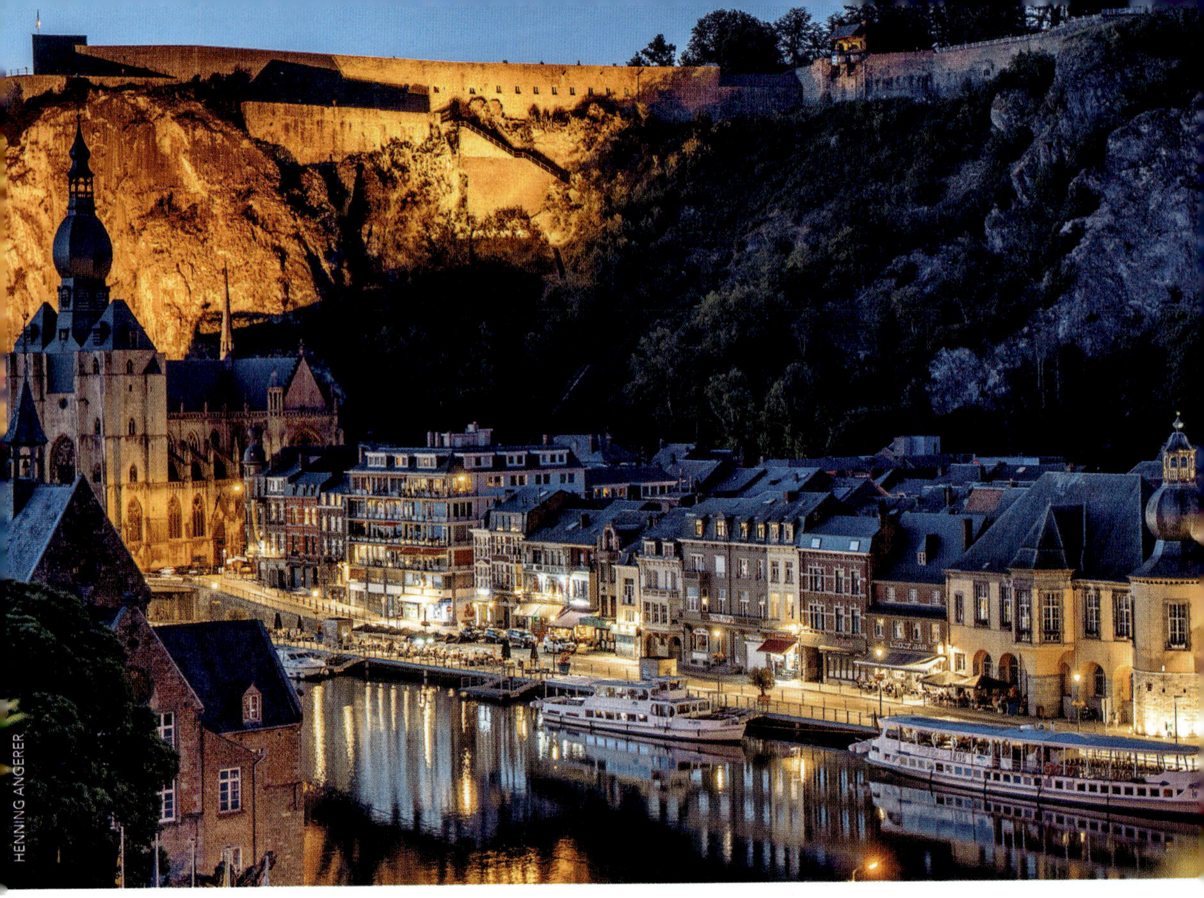

HENNING ANGERER

• BÉLGICA en diagonal

El GR 129 es un conocido sendero de Gran Recorrido que atraviesa todo Bélgica en diagonal, desde el extremo suroeste hasta el noreste, uniendo Brujas con Arlon, que ofrece una visión integral de los variados paisajes y regiones culturales del país. Este GR, que tiene en total unos 550 kilómetros, se suele dividir en tres tramos, de los cuales dos pertenecen a Valonia:

• **El tramo Ellezelles - Dinant,** de 198 km, se caracteriza por su paisaje rural con campos agrícolas, colinas suaves y su rica herencia cultural e histórica. En gran parte de su itinerario sigue los valles de algunos pequeños ríos, en su mayoría afluentes del Escalda. Pasa por la ciudad de Mons, con su emblemático Torre-Campanario (Patrimonio de la Humanidad por la UNESCO), y finaliza en la imprescindible ciudad de Dinant, a orillas del río Mosa.

BRUNO D'ALIMONTE

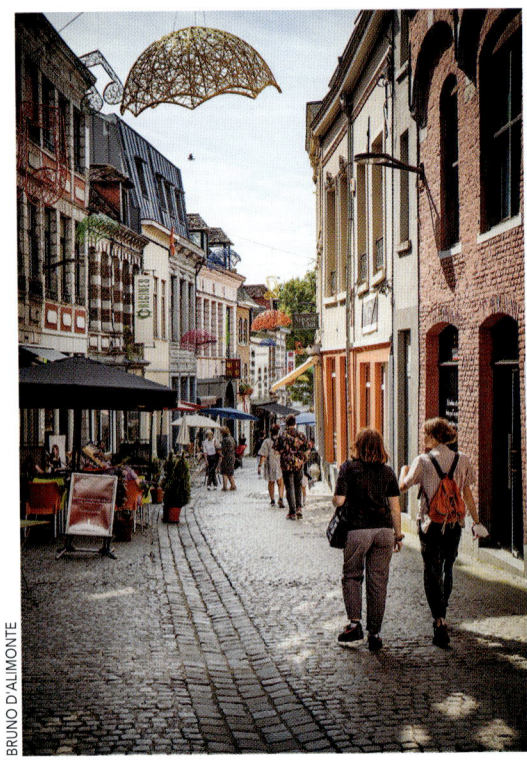

HENNING ANGERER

• **El tramo Dinant-Arlon,** que suma 253 km, se adentra desde la ciudad hacia las Ardenas, siguiendo en su parte inicial el curso del Mosa con su espectacular paisaje. Va surcando bosques, suaves colinas y pueblos con abundantes castillos y arquitectura tradicional. Finaliza en Arlon, situada en la región de Gaume, cerca de la frontera con Luxemburgo. Es una ciudad que fue un antiguo asentamiento romano, hoy conocida por su clima cálido y su activa vida cultural.

• DE ABADÍA EN ABADÍA
y sus cervezas trapenses
DISTANCIA: 290 km.

Se trata del primer itinerario temático concebido por la asociación de *Sentiers de Grande Randonée*, que te lleva por Valonia de abadía en abadía para descubrir el arte de sus cervezas trapenses. Estas cervezas tienen su origen en los monasterios de la orden cisterciense de la Estricta Obser-

Dinant de noche es un espectáculo inolvidable. Esta ciudad es cuna de Adolphe Sax, inventor del saxofón, en cuyo honor está decorado el puente de Charles de Gaulle (arriba). A la izquierda, una calle de Mons.

vancia, conocidos como trapenses. Se fabrican en el seno de una abadía cisterciense, siguiendo estrictas normas, y han de producirse teniendo en cuenta la solidaridad social y caritativa. Suelen ser cervezas de alta fermentación, con sabores complejos y afrutados. El sello *Authentic Trappist Product* garantiza que la cerveza cumple con los requisitos de producción monástica. Actualmente solo hay 11 cervezas trapenses en el mundo que llevan esta etiqueta, de los cuales tres son valonas: la Rochefort, la Orval y la Chimay.

Son precisamente las abadías en las que se fabrican estas cervezas las que recorre este GR, que tiene en total 290 kilómetros y suele plantearse en dos tramos: desde Chimay hasta Rochefort (174 km) y desde Rochefort hasta Orval (116 km).

La cerveza de Chimay es una de las marcas más reconocidas internacionalmente, con una variedad de estilos, desde ligeras a intensas. Se elaboran en la abadía de Scourmont, en una meseta cercana a la localidad de Chimay. Su origen se remonta a 1850, cuando un grupo de monjes se estableció aquí, construyendo un monasterio de gran belleza y junto al mismo una cervecería, una granja y una quesería. Hoy se puede visitar su magnífico jardín y degustar la cerveza y los quesos trapenses en el *Chimay Experiencie*, un museo a pocos pasos de la abadía, donde además muestran el proceso de fabricación de la cerveza.

La cerveza de Rochefort se elabora en la abadía de Notre-Dame de Saint-Remy. En 1595 se

OLIVIER POLET

OLIVIER LEGARDIEN

ESPACE CHIMAY

Arriba, vista aérea de la abadía de Orval, y a la izquierda, unos senderistas en el GR de las abadías y degustando la cerveza de Chimay. Derecha, un bucólico paseo otoñal por el lago de Virelles.

fundó la primera fábrica de cerveza dentro de esta abadía, si bien en los años y siglos posteriores sufrió invasiones y abandonos y no fue restaurada hasta finales del siglo XIX. Relanzaron la venta de su cerveza en 1952 y desde entonces conservan la tradición, superando un incendio que destruyó parte de la abadía en 2010, en sintonía con su lema: *Curvata Resurgo* ("Doblado, me levanto"), locución latina que simboliza la superación frente a las adversidades. La comunidad de monjes vive dedicada a la oración y el trabajo, y no se permiten visitas ni a la abadía ni a la fábrica, si bien la iglesia sí está abierta al público.

Y por su parte la abadía de Notre-Dame de Orval, enclavada en un profundo valle, se fundó en 1132. Durante la Revolución Francesa fue destruida y posteriormente restaurada, conservando las ruinas del antiguo monasterio. Alberga obras pictóricas del hermano Abraham –célebre pintor del siglo XVIII– y cuenta con un museo monástico y con un jardín de plantas medicinales, todo

ello abierto a los visitantes. No se puede acceder a su fábrica de cervezas, pero un espacio interactivo te permite descubrir los secretos del conocimiento cervecero de la Orval, una de las más valoradas cervezas trapenses del mundo. Y no puedes perderte tampoco el cremoso queso de Orval, hecho con leche entera pasteurizada de la región de Gaume, donde se encuentra esta abadía.

• LA GRAN TRAVESÍA
por el bosque del Pays de Chimay
DISTANCIA: 175 km.

Este gran recorrido atraviesa la región del Pays de Chimay, en la provincia de Henao, con abundantes zonas naturales. Cuenta con nueve zonas de campamento a una distancia equivalente la una de la otra (unos 15 km en cada etapa) en los que se puede montar la tienda o vivaquear y disfrutar del contacto más auténtico con la naturaleza, aunque también dispone de otras opciones de alojamiento. El itinerario parte de Macque-

noise y finaliza en la estación de Hastière. Recorre el Parque natural Viroin-Hermeton, que despliega una enorme riqueza de paisajes y de variedades vegetales y animales, atravesando bosques y landas. Pasa junto al castillo de Chimay, edificado hacia finales del siglo IX y cuyo interior se puede visitar, incluyendo su espléndido teatro (patrimonio excepcional de Valonia). Recordamos que en Chimay se encuentra también la cuna de su cerveza trapense. Otros lugares de interés que quedan cerca de esta gran travesía son el Aquascope de Virelles, un espacio didáctico y lúdico ubicado en una reserva natural; o las grutas de Neptuno, unas sorprendentes cuevas que incluyen un río subterráneo que se puede recorrer en barca. Además, la travesía pasa por algunos de los pueblos que cuentan con la etiqueta de más bellos de Valonia, como son Vierves-sur-Viroin y Lompret. Es un gran recorrido que puedes realizar con un guía especializado o bien por tu cuenta, salvo durante el periodo de caza.

Disfrutando de uno de los numerosos senderos de la red RAVeL (vías no motorizadas, para peatones o ciclistas) de Valonia, en concreto entre las ciudades de Spa y Blegny-Mine.

UN DESTINO SOBRE RUEDAS

El escaso desnivel que presenta el territorio valón, con grandes llanuras, unido a la buena señalización de las rutas y su amplia red de itinerarios dotados con infraestructuras de calidad, hace que sea un destino privilegiado para los amantes de la bicicleta, tanto de montaña como de paseo o de carretera.

L A afición por la bicicleta está muy arraigada en Bélgica, ya sea como medio de transporte, o con finalidad deportiva o simplemente de disfrute, asentada en una amplia red de caminos que se extiende por todo el país. Especialmente en Valonia, gracias a sus numerosas rutas bien señalizadas y sus redes ferroviarias recicladas para el ocio, los ciclistas de todos los niveles pueden disfrutar de un entorno privilegiado, ya sea en bicicleta de paseo por los pueblos, en bicicleta de montaña por rutas más agrestes o practicando el cicloturismo en grandes distancias.

RAVeL: LA RED AUTÓNOMA DE VÍAS LENTAS

Al igual que las Vías Verdes españolas, la red RAVeL (acrónimo de *Réseau Autonome des Voies Lentes*) de Bélgica está formada por antiguas líneas de ferrocarril y caminos de sirga –sendas que bordean los ríos o canales que históricamente se utilizaban para arrastarar barcos a lo largo de vías fluviales– que se han reconvertido en rutas ciclistas y senderistas. Ofrecen recorridos llanos y tranquilos, alejados del tráfico motorizado, que en general atraviesan paisajes

BRUNO D'ALIMONTE / WBT

CHRISTOPHE VANDERCAM / WBT

de gran belleza. Esta red, que suma más de 1400 km, garantiza condiciones seguras, cómodas y poco empinadas para descubrir Valonia, sus grandes ciudades, sus regiones rurales y sus espacios naturales preservados.

La red RAVeL está compuesta por 45 itinerarios locales señalizados, que se pueden recorrer tanto en bici, a pie, a caballo, en patinete... cualquier vehículo sin motor. Además, estas vías están unidas entre ellas componiendo 4 itinerarios internacionales y 10 itinerarios regionales que cubren el conjunto del territorio valón.

Todas estas rutas de la red RAVeL forman un conjunto de etapas que se recomienda seguir, aunque no es obligatorio. Cada etapa puede com-

pletarse en un día y conecta pueblos y ciudades que ofrecen recursos y servicios para los usuarios.

Los recorridos cuentan con señales específicas, en general sobre fondo verde (anteriormente azul), que incluyen los logotipos de los usuarios recomendados para la ruta (caminantes, ciclistas y/o jinetes). Las señales muestran también la distancia a pueblos o ciudades y una flecha que indica la dirección a seguir. Además, debajo de la señal, una placa identifica el número o el logotipo de la ruta regional o internacional que se está siguiendo. Si la ruta sigue el RAVeL, se añade el logotipo de RAVeL y el nombre del tramo de ese camino, que puede ser el nombre de una antigua línea ferroviaria o bien del curso del río que sigue.

En la red RAVeL se incluyen caminos que son cien por cien accesibles a personas con movilidad reducida, como el de la imagen, en el entorno de Fosses-la-Ville. A la izquierda, otro de los itinearios con señalización de esta misma red, junto al río Mosa.

Entre las diez rutas RAVeL regionales están:
• **W1 - Entre Dendre y Hauts-Pays** (72 km): Esta ruta sigue el río Dendre entre Lessines y Ath, atravesando el Pays Vert. Es un trayecto de paisajes verdes y culturales, donde se pueden visitar lugares como el Hôpital Notre-Dame à la Rose, una joya del patrimonio de la región, y disfrutar de las tradiciones locales, como la famosa *Ducasse de Ath*, que incluye procesiones con gigantes y carrozas en el mes de agosto; o se pueden ver todo el año en el museo de los Gigantes de Ath.

Un ciclista sigue una ruta RAVeL junto al *Canal du Centre*, que pasa por los ascensores de barcos y esclusas característicos de este canal.

• **W3 - La Ruta de los Carnavales** (113 km): Desde Tubize hasta Chimay, esta ruta sigue el canal Charleroi-Bruselas y atraviesa antiguas áreas industriales antes de sumergirse en paisajes rurales. Pasa por la ciudad de Binche, famosa por su carnaval (reconocido como Patrimonio Oral e Inmaterial de la Humanidad por la Unesco) y sede del museo internacional del Carnaval y de la Máscara, abierto todo el año.

• **W4 - Canales, ríos y arroyos** (188 km): Una ruta que te lleva desde Leers-Nord hasta Anhée, siguiendo canales y ríos a lo largo de Valonia. Pasa por ciudades históricas y construcciones hidráulicas impresionantes, ofreciendo un recorrido por el patrimonio fluvial de la región, desde Hainaut hasta Namur.

• **W7 - La Ruta de las Ardenas** (206 km): Largo itinerario que cruza las provincias de Lieja

y Luxemburgo, pasando por algunas de las más bellas áreas naturales de Valonia.

• **W8 - Entre Fagnes y Famenne** (141 km): Este itinerario, que va de Momignies a Barvaux (Durbuy), seduce por la diversidad de paisajes agro-geográficos que atraviesa y por la calidad de los tramos del RAVeL que sigue, como la Línea 156, el río Mosa, la Línea 126 y el río Ourthe.

Más información

• En la web de red RAVeL de Valonia encontramos los detalles de todos los itinerarios tanto locales como regionales e internacionales, así como un mapa interactivo:
https://ravel.wallonie.be
• La asociación sin ánimo de lucro *Chemins du Rail* (Ferrocarriles) vela por el mantenimiento y promoción de las vías verdes, revalorizando este patrimonio: **https://cheminsdurail.be**
• Información detallada y mapas de las rutas ciclistas EuroVelo en:
https://en.eurovelo.com

HENNING ANGERER/ WBT

A TU MEDIDA,
con los cruces *Points-noeuds*

El sistema *Points-noeuds* (literalmente: puntos-nudos) es un sistema de señalización en los cruces de los caminos que está asentado en Países Bajos y Flandes, y se está desarrollando también muy rápidamente en Valonia.

Consiste en que, en cada intersección, hay una señal con números indicativas que facilitan el seguimiento de una determinada ruta y permiten a los ciclistas modificar su itinerario en cualquier punto. De esta forma pueden adaptar el recorrido a su medida, según sus preferencias o capacidades, creando itinerarios personalizados sin necesidad de un conocimiento avanzado de la zona.

Se pueden usar con la app *Wallobike* (gratuita en Google Play App Store), que te permite seguir una ruta ya establecida o bien seleccionar previamente los marcadores que quieras (los *Points-noeuds*) para diseñar tu propio itinerario. Pero, si no tienes smartphone o GPS, simplemente puedes planificar la ruta desde casa anotando la numeración en un papel que llevas contigo y, al llegar a cada cruce, vas siguiendo las indicaciones de los marcadores con la numeración.

ETIQUETA «Bienvenue vélo»

Cuando veas algún establecimiento, como restaurantes, hoteles, museos... que tienen la etiqueta *Bienvenue vélo* (bienvenida bici) es que cuentan con servicios para ciclistas, como puede ser un espacio seguro para su aparcamiento, herramientas par reparaciones o mapas de rutas ciclistas.

LOS TRES ITINERARIOS EUROVELO

EuroVelo es una red de rutas ciclistas europeas, que consta en total de 19 rutas de larga distancia que cruzan varios países del continente.

Tres de estas rutas atraviesan Valonia:

Arriba, pedaleando junto al Mosa en un sendero RAVeL, a la altura del municipio de Profondeville. A la izquierda, en la ruta que sigue el río Sambre hasta la ciudad de Charleroi, dominada por el característico paisaje postindustrial.

• EuroVelo 5, la Vía Romea Francigena

DISTANCIA *(a su paso por Valonia):* 243 km.
DIFICULTAD: Media.
DESNIVEL: +2080 m.
MAPA: https://desni.in/ur7kt

Es un itinerario que une Londres a Brindisi, en Italia, durante más de 3000 km a través de 7 países. A su paso por Bélgica, sigue el curso del Mosa serpenteando tanto por Flandes como por Valonia. En esta región, entra por los campos de cereales característicos de La Hesbaye te guiarán poco a poco hacia la región namurense y la capital de Valonia. Atraviesa el río Mosa hasta Dinant antes de dirigirte hacia el Condroz, y más tarde al Pays de Famenne. A la salida de Marche-en-Famenne, la RAVeL te llevará al Valle de Ourthe. El itinerario acaba en la frontera luxemburguesa tras una sucesión de pueblos encantadores y vistas naturales, que son la riqueza de las Ardenas.

• EuroVelo 3, la ruta de los Peregrinos

DISTANCIA *(a su paso por Valonia):* 210 km.
DIFICULTAD: Fácil.
DESNIVEL: 736 m.
MAPA: https://desni.in/e9bmt

Esta ruta va desde Noruega hasta Santiago de Compostela, y de ahí su denominación. Atraviesa toda la región valona de este a oeste, de Herve a Thuin, siguiendo principalmente rutas de la red RAVeL. Es un recorrido perfecto para una inmersión en el patrimonio histórico, fluvial y postindustrial de los Valles del Mosa y del Sambre. Sigue la línea RAVeL 38 a través de los bosques del Pays de Herve, que ofrecen grandiosas vistas panorámicas. Llega después a la ciudad

CHRISTOPHE VANDERCAM

de Lieja para seguir después los cursos de los ríos, pasando por ciudades como Namur y Charleroi. Antes de salir a Francia, los paisajes bucólicos del Alto Sambre te llevan a descubrir la sorprendente fauna acuática y avícola de esta zona.

• EuroVelo 19, el Mosa en bici

DISTANCIA
(a su paso por Valonia): 157 km.
DIFICULTAD: Fácil.
DESNIVEL: 820 m.
MAPA: https://desni.in/nme4p

Esta ruta cruza Francia, Bélgica y los Países Bajos siguiendo el curso del río Mosa, por uno de los valles fluviales más bellos de Europa. Fue el primer itinerario en bicicleta de larga distancia señalizado en Valonia y, a su paso por esta región, permite descubrir las ciudades de Dinant, Namur, Huy y Lieja, por lo que también recibe

Arriba, frente al ascensor de barcos del *Canal du Centre*. Abajo, pedaleando junto a una antigua vía ferroviaria por el frondoso valle de Molignée. Derecha, de viaje sobre ruedas por la ruta EuroVelo3, a su paso por Lieja, con el Pont de Fragnée detrás.

PIERRE PAUQUAY/WBT

el nombre de «Ruta de las Ciudadelas». Sigue los caminos de la red RAVeL y va adentrándose en los espléndidos paisajes creados por este río majestuoso, así como por los pueblos y ciudades nacidos a sus orillas.

OTROS ITINERARIOS DE LARGA DISTANCIA

Aunque no pertenezcan a la red EuroVelo, existen otros itinerarios de larga distancia del todo recomendables para realizar en bicicleta, que permiten descubrir desde otras perspectivas el patrimonio natural y cultural de Valonia.

Uno de ellos es el llamado **La Vennbahn,** un itinerario de 125 km a través de la riqueza natural e histórica de Alemania, Bélgica y Luxemburgo, que transita en su mayor parte por antiguas vías de ferrocarril incluidas en la red RAVeL. A su paso por Valonia se adentra en la reserva de las Hautes Fagnes y sus mágicos paisajes y surca los bosques y valles en torno al río Our. Pasa por

la ciudad de Saint-Vith, que guarda testimonio de la batalla de las Ardenas. Su desnivel poco pronunciado y la posibilidad de dividirlo en múltiples etapas hace que sea un recorrido recomendable para hacer en familia, garantizando el pleno disfrute de la naturaleza.

También la **ruta por las abadías belgas,** que hemos descrito como Gran Recorrido en las páginas previas, se puede realizar en bicicleta. Permite recorrer de una forma amena y rápida las abadías en las que se fabrican las valoradas cervezas trapenses de Chimay, Rochefort y Orval.

Otras grandes propuestas son las conocidas como **Rutas Unesco.** En total tiene 491 kilómetros que recorren Valonia de oeste a este. Comienza junto a la ciudad de Tournai, cerca de Francia, y finaliza en el emplazamiento destacado de Blegny-Mine, a la puerta de los Países Bajos. Es una ruta que se pueden recorrer en muchas etapas, siguiendo la red RAVeL y diseñando rutas a nuestra medida gracias al sistema

Recorrer en bici la ciudadela de Namur (a la derecha) es todo un lujo. En general las rutas RAVeL, que siguen antiguas vías de tren y cauces de río, tienen poco desnivel, resultando perfectas para disfrutar en familia (abajo). A su lado, un ciclista en un alojamiento que cuenta con el sello «bienvenida bici».

de puntos-nudo. Permite impregnarse de los ambientes y contrastes que van de las planicies del Henao a las riberas del Mosa, las colinas del Condroz o los valles frondosos ardeneses. Atraviesa las ciudades de Mons, Binche, Thuin, Charleroi, Dinant, Ciney, Durbuy, Spa, Waimes, Raeren y Blegny, encontrando en todas ellas establecimientos y alojamientos con la etiqueta «*Bienvenue Vélo*», que garantiza la calidad de nuestra estancia en bici.

EN BICICLETA DE MONTAÑA Y GRAVEL

La BTT (Bicicleta Todo Terreno en castellano o VTT, *Vélo Tout Terrain*, en francés) es una disciplina ideal para sumergirte en la naturaleza en Valonia, con múltiples recorridos de distintas distancias que invitan a su práctica. Actualmente están en plena evolución, sumando nuevas propuestas de rutas cada día. Entre ellos, recomendamos la ruta que rodea el castillo de Logne, junto a la localidad de Vieuxville, provincia de Lieja. Es un itinerario circular de unos 27 km, con inicio y fin en el entorno del

BUGNI GREG

7DIMANCHE/VACANCESWEB

HENNING ANGERER / WBT

propio castillo, que acompaña los meandros del río Lembrée, pasa por la bonita aldea de My, sigue un camino rocoso que surca la tierra del Condroz y regresa al castillo, una fortaleza medieval que no te puedes perder.

También la creciente popularidad de la disciplina del Gravel ha llegado a Valonia. Procedente del término *gravier* (grava en inglés), se basa en el uso de una bicicletas híbrida, que une una bicicleta de carretera y unas ruedas adaptadas a cualquier tipo de camino. Es el medio de transporte ideal para ir por el asfalto,

por los senderos de gravilla y por los caminos agrícolas, de los que encontramos en abundancia por la región valona. De hecho, la mayoría de los itinerarios de larga distancia expuestos en estas páginas son perfectos para recorrer en una bicicleta Gravel.

PISTAS Y TRAIL CENTERS PARA ENDURO

Los amantes de la bici desde una perspectiva más deportiva encontrarán numerosos senderos señalizados dedicados al BTT Enduro y a los

Arnaud Siquet

descensos (Downhill/Freestyle), desde pistas más técnicas para expertos a recorridos para quienes se quieran iniciar en su práctica. También existen diversos Trails Centers que ofrecen todo lo necesario para disfrutar de esta disciplina con total seguridad. Entre ellos está el Trail Center de Spa, que fue el primero que se abrió en Bélgica y en el que, además de siete senderos cuidadosamente marcados, tiene el incentivo de la gran cantidad de alternativas que ofrece la ciudad de Spa para relajarse después de las intensas emociones sobre ruedas. Las opciones se multiplican con los abundantes Trail Centers de la región: Anthisnes-Esneux, Bouillon, Amblève, Chaudfontaine, Ottignies, Malmedy y Amay; todos ellos ofrecen decenas de rutas y pistas señalizadas de diferente dificultad, además de realizar cursos y organizar eventos en torno al Enduro y los descensos extremos.

Valonia cuenta con espectaculares rutas BTT: arriba en el Valle de la Hoëgne y, abajo, en el Trail Center de Amblève. A la derecha, en una edición de la carrera ciclista *La Flèche Wallonne*, en la reconocida subida de Le Mur de Huy.

O. BÉART /VOJOMAG

Cada una de las disciplinas de bici deportiva (Gravel, Enduro, Cross Country y Descenso Freestyle) tiene su propio icono para identificar las rutas, si bien no todas cuentan aún con la señalización. Además, están catalogadas con un código de colores según su nivel de dificultad, de más fácil a más difícil: verde, azul, rojo y negro (y amarillo para los itinerarios de enlace).

Tanto las múltiples opciones de rutas como la infraestructura adaptada, con alojamientos y servicios pensados para las bicicletas, hacen de Valonia un destino de referencia para los amantes del ciclismo.

CARRERAS Y EVENTOS EN TORNO AL CICLISMO

En Valonia también ocupa un lugar destacado las rutas de bicicleta por carretera, con decenas de kilómetros que atraen a los amantes de esta actividad. Prueba de esta importancia es que en esta región se celebran varias de las grandes citas del ciclismo mundial. Una de ellas es la conocida como *La Flèche Wallonne*, en la región de Spa, que cada mes de mayo reúne a cerca de 4000 ciclistas que se ponen a prueba en las exigentes cuestas ardeneses.

También Valonia es la cuna de la *Liège-Bastogne-Liège*, también conocida como «La Decana» por ser la carrera ciclista más antigua que aún se disputa en el mundo, uno de los cinco monumentos del calendario ciclista profesional europeo. Cubre 256 km entre las ciudades de Lieja y Bastoña y cuenta también con una versión amateur, donde los ciclistas aficionados pueden medirse en las mismas subidas que los profesionales. Otros eventos, como festivales y encuentros, demuestran la fuerte vinculación valona con el ciclismo.

MÚLTIPLES OPCIONES
DEPORTE Y NATURALEZA

Si te gusta probas experiencias nuevas, Valonia no te va a defraudar. Escoge entre su amplia variedad de oferta de actividades al aire libre: escalada, trail running, esquí de fondo, montar a caballo, paddle-surf... ¡o pruébalas todas!

En la *Vía Vita*, una propuesta de vía ferrata a unos 40 metros de altura, que organiza la empresa Dinant Evasión, con vistas al río Mosa.

C ADA estación Valonia ofrece un abanico de actividades deportivas distintas, especialmente al aire libre, desde deportes acuáticos como kayak, paddle surf o packraft en sus ríos y lagos en verano, a esquí en el invierno, o multitud de otras opciones en los meses de temperaturas más amables, como trail running, hípica o escalada. Practicar deporte rodeado por los bosques de las Ardenas o en las amplias llanuras, valles y paisajes de ensueño de la región hacen aún más atractiva y placentera la experiencia.

Trail running: todo tipo de circuitos y eventos

Los corredores y corredoras de montaña tienen difícil escoger entre la amplia variedad de recorridos permanentes y accesibles durante todo el año que ofrece Valonia. Uno de los destinos más solicitados se encuentra en la estación de trail de Herbeumont, al pie de la fortaleza que domina este pueblo, en la provincia de Luxemburgo. Propone 6 recorridos de trail y 4 talleres de entrenamiento a través de 95 km de senderos señalizados. Ubicado en el macizo ardenés y cortado por el valle del río Semois, presenta un relieve que permite alternar descensos con subidas

XAVIER ETHUIN/DINANT EVASION

cortas y empinadas. Cada uno de los itinerarios está señalizado con una numeración y un color que indica su dificultad (verde, azul o rojo), con recorridos que oscilan entre los 8 y los 27 km.

La región de Pays de Famenne es idónea para el trail running, con 24 circuitos de trail señalizados de manera permanente, de distintos recorridos (desde 5 a 40 km) y niveles de dificultad marcados con colores. La variedad de paisajes y naturaleza omnipresente de esta región ofrece un magnífico terreno de juego a los corredores.

Muy interesante es la iniciativa *Extratrail* de la región de las Ardenas. Consiste en una serie

TINEKE DHAESE

Participantes de la carrera solidaria Oxfam Trailwalker, en las Ardenas. En grande, desafiando el vértigo en una tirolina a más de 40 metros del suelo.

de circuitos ideados especialmente para trail running, aunque también válidos para marcha nórdica o senderismo, que se encuentran señalizados para recorrerlos con total seguridad. Aglutina 30 rutas que suman más de 750 km y 22,000 m de desnivel positivo en total. Cada una parte de las oficinas de turismo de los pueblos que participan: Spa, Stoumont, Jalhay, Stavelot, Theux, Trois-Ponts y Malmedy. Además, la *Ultra Tour des Sources* (UTDS) permite unir estos 7 municipios a través de un megabucle de 157 km y descubrir los paisajes más hermosos de las Ardenas belgas. Dispone de su propia web en la que puedes hacer una búsqueda de recorridos filtrando por distancia y desnivel, descargar mapas y más opciones. *www.extratrail.com*.

El calendario de eventos de trail running en Valonia es tan amplio que incluye citas prácticamente todos los meses del año, desde grandes maratones –como el aclamado *Marathon de l'Ourthe*– a decenas de carreras de carácter local, que exploran los rincones naturales de la región. Se encuentran agrupados en el calendario online *Betrail.run* (que informa también de las carreras de otros países), así como en *Go-*

running.be, específico de Bélgica. Y también en el calendario de eventos del sitio web de *VISIT-Wallonia.be*.

Escalada, parques de árboles y ¡mucha aventura!

Bélgica no es un país especialmente reconocido por sus posibilidades para la escalada, aunque es cuna de algunos de los mejores escaladores y escaladoras del mundo en la actualidad (como Anak Verhoeven o Nicolas Favresse), y cuenta con grandes instalaciones indoor y rocódromos para la práctica de esta actividad. También en el exterior se puede experimentar las sensaciones verticales en las rocas, en concreto en el valle del Mosa, donde la empresa *H2 Climbing* propone actividades en sus vías de escalada y ferratas, acompañados de guías profesionales.

Igualmente en el entorno del valle de Mosa, la empresa *Dinant Evasion* ofrece más de una veintena de actividades entre las que se encuentra la escalada, una vía ferrata, espeleología, tirolinas entre los árboles y otros retos. Estas empresas también ofrecen descensos en kayak, packraft o cruceros por los ríos Lesse, Ourthe y Semois, como hemos visto en las páginas anteriores.

Más diversión para toda la familia es lo que encontraremos en la encantadora Durbuy, la llamada «ciudad más pequeña del mundo», que paradójicamente aloja el parque de aventuras más grande del país. Rodeado del excepcional entorno ardenés, en este espacio encontrarás desde un circuito por los árboles con tirolinas y puentes tibetanos, una vía ferrata, una instalación para saltos de hasta 35 metros, espeleología, una caminata por pasarelas elevadas y muchas más propuestas tanto exteriores como interiores (rocódromo, escape room, batalla láser, zona infantil...) en las que no hay espacio para el aburrimiento.

Uno de los grandes parques acrobáticos forestales de la región lo encontramos a orillas de los Lagos de Eau d'Heure, con instalaciones entre los árboles que incluyen escaleras, troncos articulados, redes, tirolinas gigantes... Hasta 9 reco-

DINANT EVASION

Aunque el esquí de fondo es la modalidad de esquí más practicada en Valonia, también se puede realizar travesía (arriba), cuando hay condiciones. Abajo, dos propuestas de aventura: un puente tibetano y una vía ferrata.

rridos de 2 a 25 m dede el suelo, con distintos niveles de dificultad, para que toda la familia pueda tener su ración de adrenalina en este espectacular entorno natural.

Deslízate con las tablas en invierno

En los inviernos más favorables, los valones disponen de una amplia variedad de opciones para disfrutar de la nieve. Eso sí, el cambio climático ha hecho que este sea un factor impredecible; ya no es común que nieve todas las temporadas, por lo que es importante consultar la predicción meteorológica. Entre las estaciones de esquí más conocidas se encuentra la de Eifel Ski Zentrum, en Büllingen (junto al pueblo de Rocherath), con cuatro pistas de fondo y también pistas de trineo; un lugar ideal para quienes buscan tranquilidad y naturaleza en estado puro. Otra estación interesante es Le Monty en Lierneux, que combina esquí de fondo (4 pistas en bucle) y alpino (2 pistas), permitiendo a los esquiadores disfrutar de ambas modalidades en un entorno espectacular.

Igualmente, en Chimay encontramos 4 pistas de esquí de fondo que atraviesan los bosques, ofreciendo un recorrido variado y accesible. Para contemplar la mágica estampa de Les Hautes Fagnes nevados están las pistas de esquí de fondo, alpino y de trineo del entorno de la Signal de Botrange, el punto más alto del país. En todas estas y otras estaciones de esquí de la región– principalmente de fondo, pero también alguna pista alpina–, puedes disfrutar del deporte invernal con la belleza de sus paisajes como escenario.

Al galope por la región

La experiencia de surcar los caminos inmersos en la naturaleza puede tener un ingrediente aún más especial si lo hacemos a lomos de un caballo. En Valonia es fácil convertir esta estampa en realidad gracias al gran desarrollo que tiene el turismo ecuestre. Uno de los grandes itinerarios más demandado es una travesía por el Gran Bosque de Saint-Hubert en las Ardenas, un recorrido circular de unos 160 km que se puede realizar íntegro o bien por tramos. También podemos cruzar Valonia galopando por la *Ruta Europea de D'Artagnan*, con 4000 km de caminos señalizados en Europa a través de Francia, Bélgica y los Países Bajos, siguiendo las huellas del mosquete-

ARNAUD SIQUET / CGT

ro que recorrió Europa a caballo al servicio de Luis XIV. Pero también hay muchos más paseos que puedes realizar en unas horas, disfrutando al trote. Toda la información sobre montar a caballo por la región, en las web de la Liga Ecuestre Valonia Bruselas (*www.lewb.be*) y de la Asociación Valona del Turismo Ecuestre (*www.awte.be*).

Y muchas más actividades...

Si eres aficionado al golf, Valonia ofrece un buen número de campos de golf de calidad para los amantes de la pelota blanca. Encontrarás toda la información en la web de la Aso-

LANDAL GREENPARKS B.V

Los colores de los bosques valones en otoño son aún más mágicos vistos a lomos de un caballo. Arriba, haciendo paddle-surf en los lagos Eau d'Heure.

ciación Belga de Golf. O si lo tuyo son los viajes en moto, la región ofrece una selección de rutas en las que disfrutar de sus curvas, haciendo etapas en sus encantadores pueblos y ciudades. Puedes combinarlo también con los numerosos eventos dedicados a los fans de los deportes de motor y a los aficionados de los coches y de las motos antiguas.

Igualmente los amantes de la pesca pueden elegir entre una multitud de lugares en los que lanzar la caña, tanto en sus abundantes ríos como en sus lagos. En estos mismos escenarios puedes remar no solo en kayak, también de pie subido a un stand-up paddle mientras admiras los bosques y ciudades desde el agua. Y ya hemos hablado en páginas previas del packraft, pero los más aventureros pueden darle una vuelta más a esta actividad con el *bikerafting*, que consiste en ascender pedaleando en una mountain bike y descender en un kayak inflable (packraft), transportando la bici dentro. Todas estas experiencias están organizadas por empresas especializadas en turismo activo, que cuentan con profesionales cualificados para poder disfrutarlas con total seguridad. Déjate sorprender por todo lo que la región valona puede ofrecerte.

VACACIONES VERDES EN VALONIA

Valonia es, por definición, un destino natural. La biodiversidad y los paisajes juegan un papel fundamental en su oferta turística, ya sea en actividades o alojamientos. Proteger y preservar este patrimonio natural no solo es una prioridad, sino una parte esencial de la identidad de la región.

Caminata al atardecer en los alrededores del pueblo de Ellezelles, en la provincia de Henao, en un entorno rural con paisajes verdes y amplios horizontes.

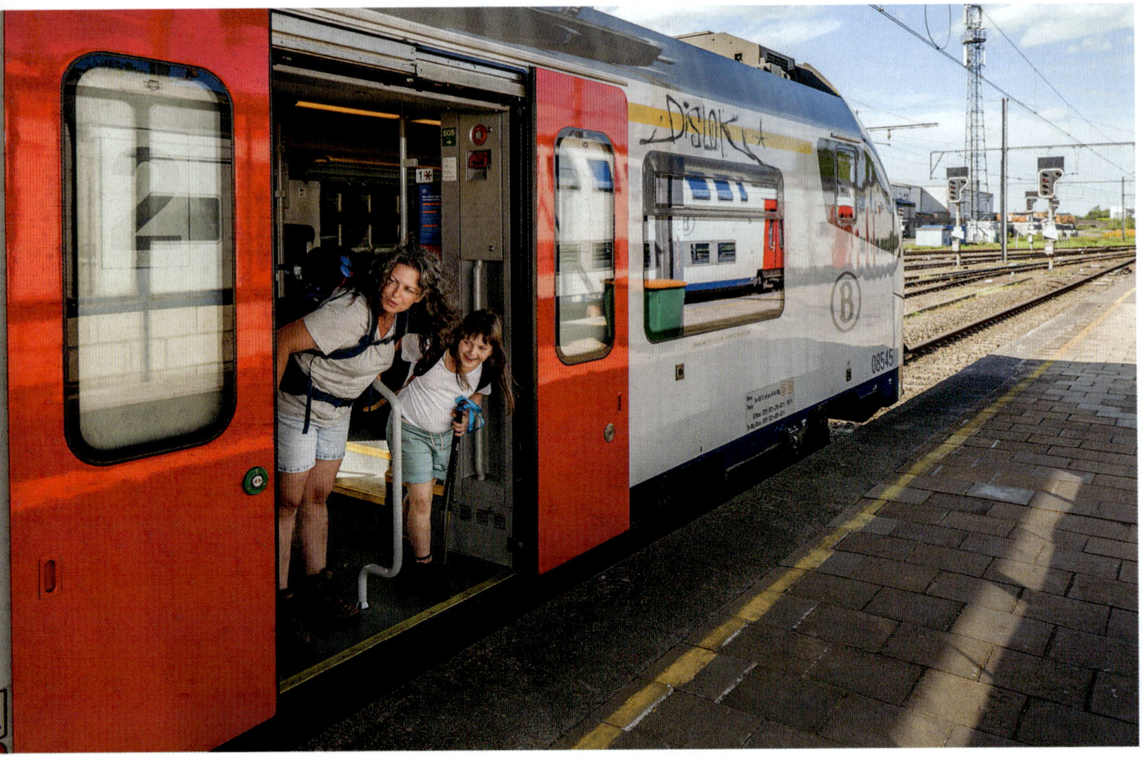

HIKE UP/RAILTRIP.TRAVEL

EN las páginas anteriores hemos expuesto multitud de actividades que están en sintonía con el turismo sostenible que promueve Valonia. Desde su amplia red de rutas no motorizadas para recorrer caminando o en bici a los paseos temáticos, excursiones por sus ríos en kayak o en packraft, museos al aire libre... También en el valle de Molignée las antiguas vías férreas se han acondicionado para poder dar paseos turísticos en dresina: un vehículo ligero que, movido a pedales, puede circular por la vía del tren. La región fomenta prácticas responsables que aseguran que tanto turistas como locales disfruten de su riqueza natural sin comprometer su conservación a largo plazo. El abanico de propuestas se amplía con iniciativas originales como un sendero para pies descalzos, arboretos, centros de interpretación del paisaje... Además, si prefieres evitar el coche para desplazarte por dentro de la región, también tienes alternativas.

Viaja sin coche

Prescindir del coche no solo es menos contaminante para el planeta, también es mejor para tu tranquilidad y disfrute. Olvídate de atascos, de pagar gasolina, encontrar aparcamiento, conducir durante horas... En la web *VISITWallonia.be* proponen once itinerarios diseñados para realizar sin coche, desplazándose en tren, en bici o a pie. Los puntos de partida y de llegada son siempre

BRUNO D'ALIMONTE

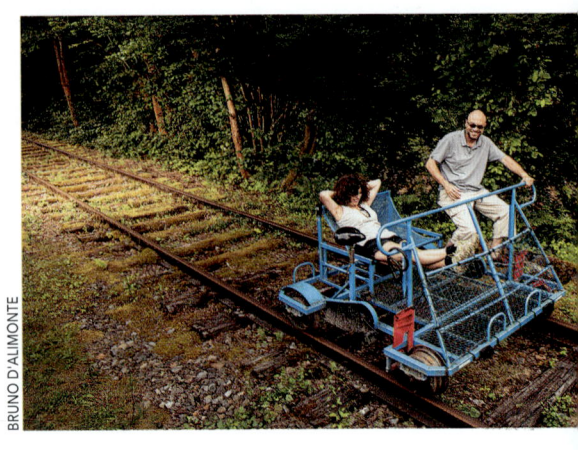

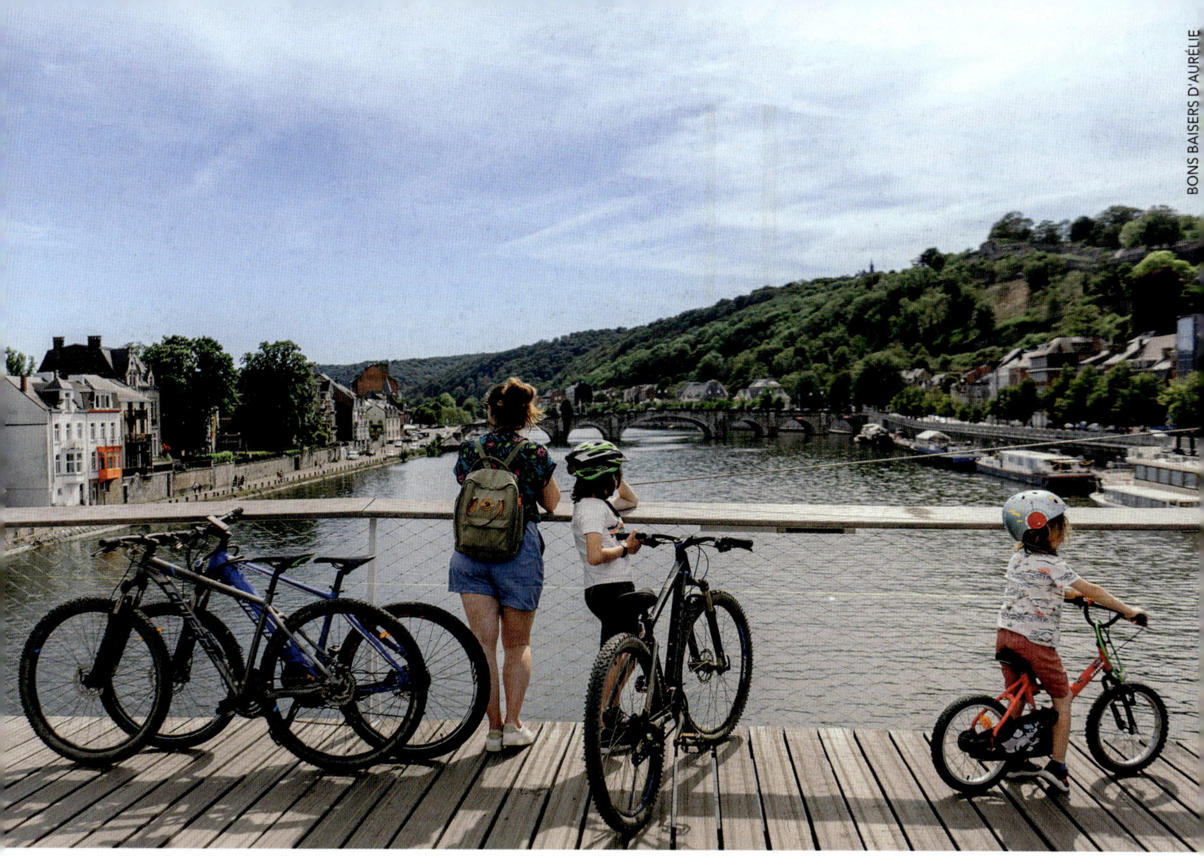

BONS BAISERS D'AURÉLIE

en estaciones de tren, en medio de las cuales tenemos propuestas de paradas para hacer distintas etapas que se pueden conectar a pie o en bici, según las preferencias de cada persona. Además, los itinerarios se pueden interconectar: combinándolos, tienes la posibilidad de pasar unas vacaciones sostenibles magníficas en Valonia.

• **De Namur a Dinant:** Existen varias alternativas para conectar sin coche estas dos imprescin-

BENJAMIN POTIE

Desplazarse en tren (a la izquierda, en la estación de Marloie), pedalear en las originales dresinas del valle de Molignée (izquierda, abajo), o bien en bicicleta (arriba en Namur y abajo junto al Sambre), son algunas de las opciones para disfrutar de viajar sin coche en Valonia.

dibles ciudades de Valonia, siguiendo el valle del Mosa con sus impresionantes miradores y castillos. En todos los casos el punto de partida es la estación de tren de Namur, en la que no te puedes perder su majestuosa ciudadela. Si optas por ir en bici, puedes seguir el recorrido balizado EuroVelo «El Mosa en Bici», haciendo el tramo que llega hasta Dinant, de 29 km. Al realizar esta ruta, también tienes la opción de añadir una etapa y, en la localidad de Anhée, tomar la línea 150 de RAVeL, claramente señalizada, que te lleva durante otros 28 km por el valle de la Molignée, visitando pueblos como Falaën –en la lista de los más bellos de Valonia– o la abadía de Maredsous, donde puedes degustar sus quesos y cervezas.

También puedes conectar Namur con Dinant a pie, una opción más lenta que te garantiza una

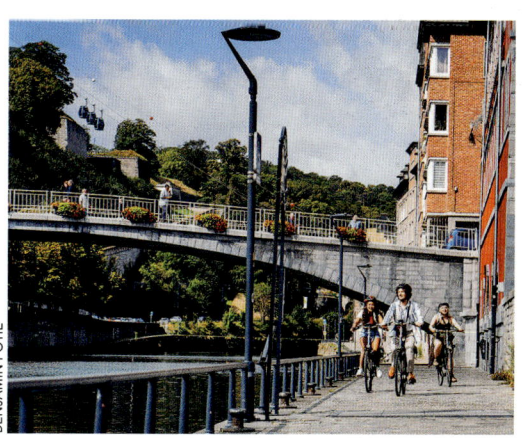

inmersión aún profunda en el entorno. El recorrido suma 42 km, en los que se tarda tres días de caminata, visitando lugares como las ruinas medievales de Polivache, los jardines de agua de Annevoie o la gruta de La Merveilleuse, considerada una de las más bonitas de Bélgica.

• **De Waterloo a La Louvière (17 km):** este itinerario comienza en el bosque de Soignes, en Waterloo (donde podemos visitar su dominio de la batalla de Waterloo 1815 y disfrutar de sus espectáculos), y va hacia Nivelles, una pequeña ciudad con una gran historia que sorprende por su patrimonio histórico, y en la que podemos probar su suculenta Tarta al Djote, hecha con *bétchéye* (queso fermentado de vaca) y acelgas. La ruta sigue después hasta La Louvière, capital de la región du Centre, apodada la «Ciudad de los Lobos», donde puedes visitar su *Canal du centre* y sus ascensores de barcos, el emplazamiento minero Bois-du-Luc o sus museos de renombre. Es además una ciudad famosa por su folclore, con un destacado carnaval.

• **De Mons a Tournai:** Hay dos alternativas para realizar este circuito, un recorrido a pie

rios, un tesoro de la arquitectura medieval, patrimonio de la Unesco.

• **De Charleroi a Erquelinnes:** También en este recorrido hay dos alternativas para conectar las estaciones, bien en bicicleta (58 km) o bien a pie (32 km), en ambos casos a realizar en dos jornadas. Se parte de la ciudad de Charleroi, donde no podemos perdernos los vestigios de su pasado industrial, y se pasa por la ciudad de Thuin, donde el encanto reside en sus restos medievales, como su campanario declarado Patrimonio Mundial de la Unesco o sus calles y jardines colgantes, reconocidos Patrimonio Excepcional de Valonia. Finaliza en la región agrícola y forestal

Disfrutando de las vistas del pueblo de Thuin y sus jardines colgantes. Abajo, en bici junto al Canal du Centre y en la ciudad de Tournai.

HENNING ANGERER

de 59 km (a realizar en tres días) y un itinerario en bici de 78 km (en dos días). En ambos casos se parte de la histórica ciudad de Mons, reconocida como Capital Europea de la Cultura en 2015, y sede de numerosos e interesantes museos. Se adentra luego en la región de Le Borinage, reconocida por sus majestuosos castillos, como del de Beloeil, pero también por sus espacios naturales. Y la última etapa lleva a Tournai, una de las ciudades más antiguas de Bélgica, donde podrás visitar la Catedral Notre-Dame con sus cinco campana-

BRUNO D'ALIMONTE

de Erlequinnes, de gran riqueza tanto natural como arquitectónica.

• **De Marche a Lieja:** Este recorrido parte de Durbuy (la «ciudad más pequeña del mundo», llena de encanto) y tiene como hilo conductor el río Ourthe y su encantador valle; un total de 57 km, previstos en tres días de caminata. En el entorno de Lieja no puedes dejar de probar sus ricos gofres, así como visitar la histórica plaza de Saint-Lambert, el palacio de los Príncipes Obispos, las escaleras de Bueren, la Ópera Real o la ultramoderna estación ferroviaria de Les Guillemins, obra del arquitecto español Santiago Calatrava. También puedes conectar estas dos ciudades en bici (37 km), invirtiendo una única jornada.

En el apartado de «Viajar sin coche» de *VISIT-Wallonia.be* puedes descargar los mapas de los recorridos con los puntos GPS y encontrarás toda la información sobre los lugares a visitar, restaurantes, actividades en la naturaleza, alojamientos y más datos de interés de cada circuito.

En el bus éVasion

Otra opción para viajar sin coche es hacerlo en autobús, y en concreto con la línea éVasion de la TEC (transporte público) que une Bouillon con Orval. La propuesta es un viaje de tres días, con inicio en Boullon, con lugares interesantes para conocer como su fortaleza, donde se llevan a cabo actividades ligadas a la historia de este testigo im-

prescindible de la época feudal. También puedes realizar excursiones por los alrededores y disfrutar de las increíbles vistas al Semois desde los miradores. En la segunda jornada el autobús te lleva hasta Chassepierre, incluido en la lista de los pueblos más bellos de Valonia, con sus pintorescas casas rurales, blanca iglesia y el *Trou des Fées*, una cavidad donde habitan seres mágicos... Y en la tercera jornada se llega a Orval, donde es imprescindible visitar su abadía cisterciense y degustar su cerveza trapense. Todo sin preocuparte por conducir, disfrutando de los paisajes y adaptando tu viaje a tus preferencias con las múltiples actividades que ofrece el entorno del Semois. La línea éVasion circula todos los días durante los meses de julio y agosto, y tiene 55 paradas.

Certificado «Llave Verde»

La Llave Verde (*Green Key*) es un certificación internacional independiente que se otorga a establecimientos turísticos y de ocio que cumplen

Arriba, panorámica de Chassepierre, uno de los pueblos etiquetados como más bellos de Valonia. A la izquierda, en el Parque Les Topiaires de Durbuy, un original jardín con 250 plantas esculpidas; y abajo, el bus de la línea éVasion.

con estrictos criterios de sostenibilidad. Entre ellos se incluyen la correcta gestión del agua y la energía, la limitación de los residuos o los materiales empleados en su construcción y mantenimiento, así como la participación de los empleados y los clientes en la conservación ambiental y su conexión con proveedores locales o con empresas de economía social. En Valonia muchos de los alojamientos y establecimientos turísticos cuentan con este sello que garantiza su sostenibilidad; un factor a tener en cuenta si eres una persona concienciada con su huella ecológica. Entre ellos se encuentran alojamientos de todo tipo, desde albergues de juventud, casas rurales, hoteles o castillos y edificios históricos acondicionados para el turismo. Encuéntralos en: *www.green-key.be*

El carnaval Binche y sus Gilles

Cada año, durante los tres días que preceden a la Cuaresma, se celebra en la ciudad de Binche, provincia de Henao, un carnaval con una larga tradición, reconocido como Patrimonio Oral e Inmaterial de la Humanidad por la Unesco desde 2003. Reúne cada año a medio millón de personas, de las que casi mil son Gilles. Ataviados con sus sombreros de plumas de avestruz, cumplen con la tradición de lanzar naranjas a los espectadores durante el desfile, un gesto que simboliza abundancia y buena fortuna. Es una de las más antiguas celebraciones de este tipo que sobreviven en Europa, cuyos orígenes se remontan a la Edad Media. Los habitantes de la ciudad están muy orgullosos de esta celebración y tratan de preservar las técnicas artesanales asociadas a los trajes, accesorios, bailes y músicas tradicionales del Carnaval.

FOTOS: OLIVIER LEGARDIEN

Quesos y cervezas en la abadía de Maredsous

Fundada en 1872 por los monjes benedictinos en un estilo neogótico, la Abadía de Maredsous ofrece a los peregrinos y turistas un conjunto arquitectónico de gran belleza.

Organizan visitas guiadas que te permitirán explorar la abadía, el cementerio y el jardín de los monjes, que siguen habitando el lugar siguiendo el lema *Ora y labora* (reza y trabaja) de la orden benedictina. Ofrecen talleres de cerámica y cuentan con un «Pequeño Museo de la quesería», en el que descubrirás los secretos de maduración del delicioso queso que elaboran los monjes. Tampoco puedes dejar de probar su reconocida cerveza de Maredsous, de

elaboración artesanal. Ubicado en el Valle de Molignée, en la provincia de Namur, todo el lugar desprende una sensación de quietud y de intimidad que no te deja indiferente. En la misma hostelería de la Abadía de Maredsous ofrecen alojamiento, especialmente recomendable para quienes busquen un tiempo de relajación y tranquilidad.

BRUNO D'ALIMONTE

PIERRE-OLIVIER TULKENS

ANTOINE CHARPAGNE

El Dominio de la batalla de Waterloo

Se pueden subir, uno a uno, los 226 peldaños que llevan a la Colina del León, erigida en 1826, que conmemora la localización en el campo de batalla de Waterloo en el que una bala alcanzó a Guillermo II de los Países Bajos (príncipe de Orange, quien dirigía el primer regimiento del ejército de Wellington), derribándolo de su caballo. Desde lo alto se puede apreciar el amplio escenario de esta batalla que se saldó con la derrota definitiva de las fuerzas napoleónicas, determinando el final del primer Imperio francés y la prisión de Napoleón en la distante isla de santa Elena hasta su muerte.

En el dominio también se puede visitar un museo que ayuda a comprender la historia, o entrar en el Panorama, un edificio circular que alberga un lienzo inmenso, de 110 metros de largo y de 12 metros de alto, que reconstruye varias escenas de los combates de 1815.

Durante la temporada, de abril a octubre, unos soldados con uniformes ofrecen animaciones al pie de la colina, usando el tiro con fusil, el tiro con cañón, mostrando la escuela del soldado y organizando visitas guiadas del campo de batalla. Además, todos los 18 de junio, cientos de actores escenifican los combates que tuvieron lugar durante este memorable episodio histórico.

Mercado de Navidad de Lieja

El mercado de Navidad de la ciudad de Lieja es el más grande y antiguo de Bélgica. En la Place St Lambert y en la Place du Marché, más de 200 casetas atraen cada invierno a millones de visitantes a la llamada «Ciudad de Ardiente», en un evento en el que no solo brillan sus luces y adornos, también está presente el auténtico espíritu navideño y la magia de estas fechas.

A su alrededor se organizan muchas otras actividades, como una pista de patinaje de hielo, un festival de circo, conciertos y hasta un festival de esculturas de hielo. Todo ambientado con las decoraciones tradicionales de Navidad, iluminación de colores y animaciones musicales, y envuelto en el irresistible olor a las delicias culinarias que ofrecen, como mazapán, pan de jengibre, gofres... y bebidas imprescindibles como pékèt, vino molido o cerveza de Navidad.

Se pronlonga durante cinco semanas, desde finales de noviembre hasta finales de diciembre, siendo una cita ineludible para los amantes de las fiestas navideñas.

FOTOS: J.PREMY

JP REMY

Las couques de Dinant

Las galletas «couques» que fabrican en la pastelería Jacobs, son toda una tradición familiar. Como únicos ingredientes llevan harina de trigo, miel pura y azúcar. Su cocción, a altas temperaturas, permite alcanzar la caramelización de la miel, resultando en una textura particularmente dura y un sabor muy dulce. Un consejo práctico para su degustación: ¡No intentes morderla o te romperás los dientes! Se tiene que chupar, o partir en pedacitos que se van disolviendo en la boca.

Se fabrican con distintos moldes y una gran variedad de formas y diseños, como animales, plantas, paisajes... Como el de la tradicional bonita vista de la ciudad (con la colegiata y la ciudadela) o la que lleva un saxofón, en referencia a Adolph Sax, inventor de este instrumento que nació en Dinant.

Fundacion Folon

La Granja del Castillo de La Hulpe, a 20 minutos de Bruselas, acoge la Fundación Folon, que cuenta con más de seis mil obras del polifacético y reconocido artista belga Jean-Michel Folon. Un total de 15 salas de exposiciones presentan sus acuarelas, pinturas, grabados, objetos, esculturas, carteles, ilustraciones... Todo presentado con una museografía original e interactiva imaginada por el artista, que lleva al visitante a descubrir las múltiples facetas de su arte y de su universo. Se encuentra ubicado en el Dominio regional de Solvay, con numerosos senderos que recorren las colinas del bosque de Soignes. El Castillo de La Hulpe fue construido en 1842 siguiendo el modelo de los castillos de La Loire. Su interior no se puede visitar, pero sí sus suntuosos jardines, que forman parte del patrimonio excepcional de Parques y Jardines de Valonia, albergando más de 450 especies.

JP REMY

Jardines de agua de Annevoie

Acondicionados en el siglo XVIII, los Jardines de Annevoie son los únicos jardines de agua de Bélgica y figuran entre los más hermosos de Europa. El agua fluye entre los canales del jardín gracias a los desniveles naturales. En ellos se mezclan distintos estilos: en cada recodo puedes descubrir una perspectiva de estilo francés, fantasía de estilo inglés o el encanto intimista de estilo italiano. Curvas, contrastes, niveles y efectos sorpresa: la alianza entre los estilos crea toda la belleza de estos jardines en los que se respira tranquilidad.

Propiedad de las familias de Halloy y Montpellier, se encuentran alrededor de un espléndido castillo, cuyo interior no está abierto a las visitas. Los jardines están declarados patrimonio de Valonia y constituyen una etapa imprescindible en la provincia de Namur, cerca de la ciudad de Dinant.

Jardines colgantes de Thuin

Ubicados en la vertiente sur del valle de Biesmelle, los Jardines colgantes de Thuin (declarados patrimonio de Valonia) ofrecen un paseo original por la parte alta de la ciudad. Serpenteando por las calles adoquinadas, puedes descubrir hasta 200 jardines en terrazas, en las que también se cultivan viñedos. Fueron acondicionadas durante las diferentes fases de fortificación de la ciudad. En este entorno también se encuentra la iniciativa *Fluide*, con 18 obras de arte diseminadas por los jardines y por el centro de la ciudad histórica.

IVAN VERZAR

El castillo del Dominio de Ronchinne, con lujosas habitaciones y muchos otros espacios originales para alojarse. A la derecha, el interior del glamping Daft Hôtel; y una pareja caminando hacia la entrada del gîtes Planois, una granja-alojamiento rural. Abajo, vistas al Mosa desde el hotel Mercure Namur, y una huésped de las cabañas de Nutchel, relajándose frente a la chimenea.

NAMUR CASINO RESORT SA

COPYRIGHT NUTCHEL

ALOJARSE EN VALONIA, TODA UNA EXPERIENCIA

Además de en una amplia variedad de hoteles, casas rurales o campings, en Valonia puedes dormir en un castillo, en una granja, en una casa sobre los árboles, encima del agua... Alojamientos únicos y originales que garantizan experiencias completas, más allá de la simple pernocta.

DAFT HÔTEL

cluido. También existen alternativas para quienes prefieren un albergue o un camping en medio de la naturaleza, o para quienes buscan una experiencia más cercana alojándose en una habitación de huéspedes con los habitantes locales.

En las áreas rurales abundan los *gîtes*, que incluyen casas rurales de distinta capacidad, granjas típicas valonas o apartamentos para alquilar una duración determinada. Estos alojamientos rurales te permiten darte un respiro de la ciudad, sustituyendo las prisas y la contaminación por aire puro e inmersión en la naturaleza. Además, suelen estar asociados a los productos frescos que se cultivan en la zona, aproximándote a la gastronomía belga más saludable y auténtica.

La región también ofrece numerosos *Bed & Breakfast*, que ofrecen un servicio completo de pernocta y desayuno, entre los que podemos encontrar desde una casa típica valona a un encantador hotel. Un buen ejemplo es la Villa Balat, una casa de huéspedes excepcional en Namur, a unos minutos del centro, con magníficas vistas a la ciudadela y un desayuno con productos regionales servido en el comedor frente al Mosa.

No faltan los hoteles con un encanto especial, como el Hôtel de la Poste en Bouillon (en un bello edificio histórico del siglo XVIII), o el hotel ecológico Les Sorbiers, en Hastière, aislado en medio de magníficos jardines; o en el Hôtel Victoria en Durbuy, con su particular estilo «Art Déco», entre muchas otras opciones que no te dejan indiferente.

BRUNO D'ALIMONTE

VALONIA ofrece una amplia variedad de alojamientos perfectos para disfrutar de noches tranquilas y relajantes durante los fines de semana o las vacaciones en cualquier época del año. Desde hoteles de diseño ultramoderno a sencillas posadas, hay ideas para todos los gustos y presupuestos. Las familias pueden disfrutar de un fin de semana en una casa rural o en un centro de vacaciones con ofertas todo in-

En **VISITWallonia.es** encontrarás toda la información sobre alojamientos, rutas, propuestas, mapas, restaurantes, actividades para las distintas estaciones del año, agenda cultural... Todo lo necesario para que tu estancia en Valonia sea inolvidable.

De arriba a abajo: el castillo de Manoir de Lébioles; cubo modernista en el Dominio de Ronchinne; cabaña en los árboles del alojamiento *Mon Lit dans l'Arbre*, y en autocaravana en el Ardennen Camping Bertrix.

También puedes sentirte caballero o princesa en Valonia. En castillos como el Manoir de Lébioles, el Château de Namur o el Château de Mirwart, entre otros, es posible reservar habitaciones o suites y disfrutar de sus instalaciones, que en muchas ocasiones incluyen centros *wellness* y restaurantes de renombre. En el Dominio de Ronchinne, en Maillen, puedes alojarte en sus lujosas habitaciones o puedes optar por alguno de sus espacios más originales, como en un antiguo criadero de faisanes, en un cubo futurista en plena naturaleza, en una cabaña colgada... Con multitud de propuestas de actividades y visitas en torno a estos dominios.

Otros alojamientos que se salen de lo habitual son los de *La Balade des Gnomes*, unas cabañas de madera en medio del bosque ardenés en las que te sentirás un auténtico gnomo. También puedes dormir dentro de un barco en el río Mosa. O en las cabañas de *Aqualodge*, construidas sobre pilares en un estanque en las puedes ver nadar a los peces a tus pies. O en un antiguo molino de viento acondicionado con todas las comodidades.

El contacto pleno con la naturaleza está garantizado en los numerosos campings o los *glamping* (campings con instalaciones de lujo), como el de Cocoon Village, del dominio de las Grottes de Han. Pero también te sentirás parte del bosque en una acogedora cabaña de madera, como las de Nutchel, en Martelange; o para los aún más aventureros, en las casitas de *Mon lit dans l'arbre*, integradas entre los árboles de las Ardenas, algunas incluso construidas en lo alto de las ramas.

También es una buena opción recorrer Valonia en tu autocaravana o furgoneta camperizada, para lo que encontrarás numerosas áreas de camping y establecimientos habilitados a lo largo de las diferentes rutas y pueblos. Todas estas opciones de alojamiento son excelentes puntos de partida para descubrir el secreto mejor guardado de Bélgica: la región valona.